CW01712695

JEUNESSE

COLLECTION DIRIGÉE PAR **ANNE-MARIE AUBIN**

LA COUSINE DES ÉTATS

Données de catalogage avant publication (Canada)

Lemieux, Jean, 1954-

La cousine des États : roman

(Titan jeunesse ; 20)
A partir de 14 ans

ISBN 2-89037-665-6
I. Titre. II. Collection.

PS8573.E5427C68 1993 jC843' .54 C93-097124-8
PS9573.E5427C68 1993
PZ23.L45Co 1993

Les Éditions Québec/Amérique bénéficient du programme de subvention globale du Conseil des Arts du Canada.

Dépôt légal:
3e trimestre 1993
Bibliothèque nationale du Québec
Bibliothèque nationale du Canada

Réimpression décembre 1994

Diffusion:
Éditions françaises
1411, rue Ampère
Boucherville (Québec)
J4B 5W2
(514) 641-0514
(514) 871-0111 - région métropolitaine
1-800-361-9635 - région extérieure
(514) 641-4893 - télécopieur

Montage: Andréa Joseph

LA COUSINE DES ÉTATS

JEAN LEMIEUX

ROMAN

20

QUÉBEC/AMÉRIQUE JEUNESSE

1380 A, rue De Coulomb
Boucherville (Québec) J4B 7J4
(514) 655-5163

Du même auteur

La Lune rouge,
roman, Montréal, Éditions
Québec/Amérique, 1991.

Retour à Saint-Malo,
dans le collectif *Ici*, nouvelle, Montréal,
Éditions Québec/Amérique
Jeunesse, 1993.

À ma mère

Quand j'suis parti de mon vieux pays
Pour m'en aller dans les États
J'avais qu'une simple valise
Tout mon butin était dedans

chanson anonyme

Chapitre 1

L'évolution des préparatifs

— Ils ne viendront pas!

— Maureen m'a promis qu'ils seraient à l'église.

— Tu sais bien que c'est Gerry qui décide. Maudit voile!

Ma sœur Suzanne fume devant son miroir, résignée. Dans sa chambre, près de son lit encombré de toutous, ma mère et tante Rose voltigent autour de son voile. Du corridor, je surveille l'évolution des préparatifs.

Je regarde ma montre : 9 heures 30. Plus de «revenez-y». Je gagne ma chambre et ouvre le tiroir. Elle est là, entre mes caleçons et mes chaussettes de tennis.

Il y a un problème : emportée par sa dernière rage de ménage, ma mère l'a repassée. Je dois refaire le nœud. En septembre dernier, à la rentrée, j'ai dû demander à mon père de m'aider. Il m'a à moitié étranglé de ses doigts durs en me demandant ce qu'on m'apprenait au Séminaire. Au prix que ça coûte!

J'ai pris soin du précieux nœud toute l'année. Dès la fin de l'étude du soir, je desserrais ma cravate d'un coup d'index, me la passais par-dessus la tête et l'enfouissais dans ma poche de veston. Le lendemain, je l'enfilais en quittant le dortoir, comme un accessoire de théâtre. La cravate était fripée, le nœud, minuscule et graisseux. À ma façon, je protestais contre le règlement.

La fin de semaine, ma mère se demandait où j'avais mis ma cravate. Bizarre que je l'oublie tous les vendredis au Séminaire... Je l'ai laissée dans mon casier pendant les vacances des Fêtes, dans l'espoir d'éviter le supplice du garrot pendant le réveillon. Erreur... papa m'a offert, puis ordonné, d'enfiler l'une des siennes, un truc en soie orné de serpents rouges qui ressemble à un restant de spaghetti.

Aujourd'hui, je me suis résigné à porter ma cravate rouge de séminariste. Ça va attendrir la parenté, comme un uniforme de cadet. Dommage que ma mère ait eu l'idée de la repasser.

Je retrousse mon col et enroule la chose autour de mon cou. Mon visage m'apparaît dans la glace de la commode : de grands yeux bruns un peu saillants, des lèvres charnues, un front haut, quelques boutons sur les pommettes. Je me fais des grimaces. Je n'aime pas me voir dans le miroir. Les filles me trouvent du charme. Je ne comprends pas.

Des gouttelettes de sueur perlent sur mes tempes. Fermons les yeux. Le grand bout en avant, le petit bout en arrière... Surtout ne pas penser.

Voilà, c'est fait. Un miracle! J'étouffe derrière mon col. Quelle idée de se marier le 17 juillet!

J'erre dans la maison, aussi à l'aise dans mon veston que dans une armure. Dans le salon, une table surchargée de cadeaux témoigne du soutien de la parenté. Les vases brillent, les meubles sentent le citron. Papa est passé derrière maman avec son plumeau. Je pique un sandwich dans les plateaux qui dorment sous le papier ciré. Je n'ai pas envie d'être pris par la faim au milieu du sermon. On ne sait jamais quand ça finit à l'église.

Je sors sur le perron. Il fait déjà chaud. Mon père tripote ses boutons de manchette, marche de long en large, ses souliers craquant sous le cirage. Assis dans les marches, Gonzague Dextradeur prend un coup de *rye*. La Lincoln attend dans l'entrée, son capot tacheté par l'ombre du chêne. Gonzague descend les quatre marches du perron, sort un immense mouchoir et polit l'aile du mastodonte. Il a cinquante ans. Il vend des hot-dogs à la roulotte *Chez Bernie*. Les samedis de noce, il conduit les mariés à l'église dans la Lincoln de son patron. Vieux garçon, il assiste à tous les mariages à Saint-Mathias. Il ne demande pas grand-chose, un « dix onces » ou un petit cinq en dessous de la table.

— Qu'est-ce qu'elles font ? rugit mon père.

— Il y a un problème avec le voile.

Il grogne qu'on va être en retard. Je retrouve la fraîcheur de la maison. Cette noce m'embête. J'aurais mille fois préféré passer la journée à faire du ski nautique au chalet. Pendant que mes amis se baigneront, je devrai endurer l'église, la salle, la réception à la maison, les oncles, les tantes, tout le branle-bas de combat. Pourvu que Sandra...

Debout sur une chaise, ma sœur examine son double dans le miroir. Elle porte une robe étroite, cintrée, tout l'envers des boules de tulle et de crinoline dans lesquelles se pavanent les mariées du village. Son visage a un éclat particulier. Ma mère, à l'écart, les mains jointes, admire son poussin.

— Papa fait dire que...

Tante Rose avise ma cravate et s'avance dans ma direction.

— Mon doux qu'il a grandi! Dans l'état où est Jean-Baptiste, ils n'oseront jamais venir.

— Paraît qu'il veut venir à tout prix, dit ma mère.

— Un plan pour qu'il crève! dit tante Rose en ajustant mon nœud.

Descendant de son piédestal, Suzanne me lance un clin d'œil d'encouragement.

— On y va! Louis va penser que j'ai changé d'idée.

Elle imprime ses lèvres roses sur sa cigarette, l'écrase nerveusement et sort. Tante Rose et ma mère rapaillent leur chapeau, leur sac à main et trottinent à sa suite, soulevant sa traîne. Mon père se raidit et aide Suzanne à prendre place sur la banquette écarlate. Gonzague s'installe au volant, ratisse ses quatre cheveux dans le miroir et fait gronder le huit cylindres.

Ma mère grimpe dans la décapotable de M. Ostiguy. La Meteor de mon frère Roger attend devant la haie de cèdres. Tante Rose s'assoit à l'arrière avec Nathalie et Dédé. Je me glisse à l'avant près de ma belle-sœur. Dans un froissement de crinoline, Ginette se juche sur mes genoux. Elle prend son rôle de bouquetière au sérieux.

Le cortège s'ébranle. Sérieux comme un ministre, Gonzague Dextradeur pilote la Lincoln sur le chemin des Patriotes. M. Ostiguy s'engage dans notre sillage. En passant, il me jette un regard d'assassin. Il ne me pardonnera jamais de ne pas avoir invité sa fille aux noces. Ma mère m'a fait un sermon hier soir. Francine pleure depuis deux jours dans sa chambre. Elle s'était acheté une robe et tout le tralala.

Au diable M. Ostiguy! Après tout, ce n'est pas mon beau-père. Francine n'est pas ma blonde, à ce que je sache. Enfin, pas vraiment... Ce n'est pas ma faute si elle s'est imaginé que je l'aimais.

Lui annoncer que je ne l'invitais pas au mariage a été plus difficile que je croyais. Depuis des semaines, elle se voyait dans sa robe, à mon bras, auréolée de son statut de fiancée en puissance. Le mariage de Suzanne était une fenêtre par laquelle elle voyait son avenir. Son comportement avec moi avait changé. Quand je revenais du Séminaire le vendredi soir, elle me donnait rendez-vous derrière la grange et m'embrassait passionnément.

Il y a un mois, pendant l'une de nos sessions, j'ai éjaculé dans mon pantalon. J'étais gêné. J'ai tenté de cacher mon trouble. Elle s'en est aperçue, m'a souri. Elle a passé un doigt sous ma ceinture et l'a retiré luisant de sperme.

Sérieuse, elle a examiné le liquide entre son pouce et son index avant de s'essuyer la main dans l'herbe. Elle a des doigts courts, un peu potelés. Ensuite, elle m'a embrassé doucement et a posé la tête sur mon épaule, comme si nous venions de conclure un pacte.

J'ai décroché. Quelque chose m'agaçait. Je me sentais comme la future Nouvelle-France devant Jacques Cartier. Francine avait planté sa croix sur ma poitrine.

J'ai pris mes distances. J'aurais pu rompre, lui dire brusquement que je ne voulais plus sortir avec elle. C'était difficile : comment dit-on à son amie d'enfance qu'on ne veut pas être son amoureux, *sans la perdre?* Nous jouions ensemble depuis l'âge de deux ans. Au village, nous sommes voisins. L'été elle habite un chalet à cinq cents pieds de chez moi. Ça ne pouvait durer toute la vie. J'avais parfois l'impression que nos parents, que tout le village, rêvaient de nous marier, comme dans l'ancien temps. Une si bonne fille... Et les deux terres qui sont côte à côte... Étrangement, en quittant Francine, j'avais l'impression d'échapper à l'autorité de mes parents.

La semaine dernière, je lui ai dit que je voulais être seul le jour du mariage. Elle a pleuré. C'était très désagréable. Ensuite elle m'a posé des questions. Elle m'a même dit que je la laissais parce que Sandra serait là. Devant mes silences, elle a compris que le mariage n'était qu'un prétexte. Notre histoire était terminée. Je lui ai dit que nous pouvions demeurer des amis, mais elle n'était pas enthousiaste.

Je n'ai pas ressenti grand-chose. J'étais soulagé. Il faisait beau, je faisais du canot et de la bicyclette. Je frappais des balles de tennis, inlassablement, contre le mur de l'école déserte, la sueur ruisselant sur mon torse nu.

J'aime bien Francine, mais je ne suis pas amoureux d'elle. Je ne sais pas ce que c'est être amoureux, mais je sais que ce n'est pas *ça*.

Je n'ai pas le goût d'être avec elle aujourd'hui.

Chapitre 2

De la visite rare

Avec ses pneus à flancs blancs, ses jantes chromées, ses ailes interminables, le paquebot de la mariée brille sous le soleil du matin. Derrière les banderoles, mon père, sa pomme d'Adam fendant l'air comme une charrue, son haut-de-forme sur le genou, traverse la paroisse, triomphant, laissant dans son sillage un nuage d'eau de Cologne. Il mène sa fille unique à l'autel et c'est lui qui paie. Armand Bessette, le troisième fils de Jos Bessette, a réussi dans la vie. Il roule dans une auto de l'année et envoie son dernier au Séminaire. Il descend en Floride chaque printemps et va voir les Yankees à New York en passant. Armand Bessette, l'ancien encanteur, est au-dessus de ses affaires. Il parle anglais et français même s'il n'a qu'une cinquième année. Armand Bessette vendrait un refrigérateur à un Esquimau. Il a une liasse de vingt dollars dans la poche et pas grand-chose dans le cerveau.

Ma sœur Suzanne est radieuse, même si elle se prête à la cérémonie pour faire plaisir à mes parents. Ce sont eux qui ont insisté pour organiser une grosse noce. Louis et Suzanne voulaient un mariage intime, la proche famille, quelques amis. Surtout les amis, si j'ai compris. Après discussion, les amoureux ont accepté la noce traditionnelle, même si ce n'est plus la mode dans leur milieu.

J'ai l'impression d'assister à une pièce de théâtre. La vie change. Il y a quelque chose de cassé entre mes parents et moi. Ils vivent dans un autre monde.

— Michel, monte ta vitre! Le vent me dépeigne!

Ma tante Rose s'inquiète, à juste titre, pour la survie de son édifice capillaire.

Pendant que nous traversons le village, je retrouve le souvenir de ma cousine Sandra.

Elle n'est pas ma cousine germaine mais plutôt ma *petite-cousine.* Nos pères sont cousins. Elle doit venir des États avec ses parents. Je l'ai vue la dernière fois il y a trois ans. Elle avait passé trois semaines de vacances au chalet. Je retrouve son visage perché sur son corps frêle, ses membres dont elle ne savait que faire, ses rires quand elle me taquinait devant mes parents, nos après-midi dans la chaloupe ancrée dans le chenal, avec nos livres et nos sandwichs à la confiture.

Après cette dernière visite, nous avons correspondu pendant quelques mois. Mes séances de masturbation se tramaient à partir d'un fantasme unique. Sandra et moi partions en pique-nique au bout de la terre. Le ciel de fin d'après-midi était menaçant. Nous nous retrouvions dans le bois de bouleaux avant de traverser le champ des Marois. L'orage nous surprenait au milieu du foin mûr. Nous courions jusqu'aux pins du bout de la terre, trempés. Nous suspendions nos vêtements aux branches basses, soudainement graves, et nous enroulions dans la couverture, sur les aiguilles et les cocottes, pendant que le ciel nous arrosait les pieds de pluie chaude.

Nous ne faisions pas l'amour. J'étais heureux de la tenir là, contre moi, sa longue cuisse remontée sur les miennes, à l'abri de l'orage. Au moment d'éjaculer, j'imaginais qu'elle m'effleurait de sa main pâle. Le fantasme s'arrêtait là. Nous étions cousins après tout, elle si blonde, moi si noir, mais portant le même nom, à part le « e » que son père avait fait sauter pour faire oublier ses origines de *canuck*.

Sandra Bessett. Ce « e » happé dans les métiers de la Nouvelle-Angleterre m'intriguait. J'avais griffonné quelques « Mike Bessett » dans la marge de mes cahiers de devoir. Si mon grand-père était parti pour les États, comme son frère Jean-Baptiste, ce serait peut-être mon nom.

Après un an de correspondance, les lettres de Sandra se sont espacées puis taries tout à fait. Mon père appelait son cousin Gerry à Pâques et à Noël, mais il ne s'informait jamais de sa fille. Tante

Rose correspondait avec Jean-Baptiste à propos de ses histoires de Bessette. Elle me glissait des nouvelles de ma cousine. Sandra était calée en maths et jouait au basket-ball dans un collège de Boston.

Depuis que je suis pensionnaire à Saint-Jean, les finissantes du Couvent l'ont remplacée dans mes rêves. Quand je vais marcher rue Mercier, je les entrevois, faussement sages dans leurs jupes grises, se passant des cigarettes sous le manteau. Elles apparaissent parfois dans la cour des petits, grimpées en amazones sur les scooters des gars de Philo II. Ce n'est plus comme avant : malgré le règlement, les finissants ont des blondes. Elles nous regardent de haut, mes amis et moi. Nous ne sommes que des ti-culs de Méthode. Les filles dont nous tomberons amoureux germent encore derrière les grilles du couvent des sœurs.

La fin de semaine, quand je retourne à Saint-Mathias, je retrouve mes amis d'enfance. Je ne suis plus des leurs. J'étudie le latin dans un collège en amont de la rivière. J'irai à l'université et j'apprendrai les noms des vins français qui encombrent les tablettes de la

Commission des liqueurs. Dans les danses de sous-sols, au jeu du couteau ou de la bouteille, j'embrasse Francine ou une autre des filles avec qui j'ai joué à la cachette. Elles sont déjà vieilles. Je devine sous leurs joues fraîches leurs visages de mères. Bientôt, la plupart d'entre elles se marieront aux gars des vieilles familles et fourniront au village sa fournée d'enfants. D'autres s'échapperont vers les études, s'installeront avec leur ami dans des appartements de Montréal ou de Québec, prendront la pilule et l'avion vers les vieux pays, feront sauter le verrou du péché.

Quand je rentre de la fête, passé minuit, je prends ma bicyclette, incapable de dormir, et pédale jusqu'au chalet. Le canot est rangé sur la galerie avec les chaises de parterre. La chaloupe dort dans l'herbe folle, quille en l'air, bordée de feuilles mortes. La rivière lèche les piquets du quai que mon père démantèlera à la fin de la chasse. Sandra réapparaît, blonde, aérienne, dribblant sur les planchers de chêne d'un collège ensoleillé.

Belle Sandra... Je me demande ce qu'elle est devenue. Depuis des semaines, je rêve à son retour. Le mariage de Suzanne, en plein mois de juillet, est une trop belle occasion. Ses parents viendront, c'est sûr. Les dernières nouvelles de la santé de Jean-Baptiste, son infarctus, son long séjour à l'hôpital, m'inquiètent pourtant. Gerry, le père de Sandra, préférera peut-être rester à la maison.

Mon frère Roger accélère pour rejoindre le cortège. Le fracas des cloches fait frissonner les peupliers, se glisse dans la veine argentée de la rivière. Tante Rose jette un œil à sa montre.

— Mon doux! On va être en retard! Armand aurait dû nous dire de nous presser!

Chapitre 3

Grandeur et misère d'Armand Bessette

En avant, dans la décapotable, mon père passe sa main gauche dans ses cheveux. Ils ne sont pas en désordre. Gonzague roulerait à cent milles à l'heure que pas un poil ne frémirait sous sa calotte de brillantine. C'est son tic. Papa lisse ses cheveux continuellement, d'avant en arrière, pour chasser ses soucis.

Il a toujours eu la même coupe de cheveux, une raie naissant de la tempe gauche et filant plein nord vers le sommet du crâne. Ses cheveux noirs sont rabattus vers l'arrière, labourés en deux champs obliques. Il a le nez busqué, des yeux noirs tapis sous des sourcils abondants. Depuis quelques années, il grisonne aux tempes. Ça lui donne un genre. Les gens disent que c'est un bel homme. Le compliment ne fait pas toujours plaisir à ma mère. Les gens disent aussi que mon père n'a pas peur d'un jupon.

Mon père est un vendeur. C'est sa façon d'être. Il a fait ça toute sa vie. Enfant, il jouait au magasin dans l'étable de son père. Il a lâché l'école en sixième année pour aller travailler au magasin général des Galipeau. Le soir, il vendait des brosses et des dictionnaires, de porte en porte, par ambition et par plaisir. À vingt-cinq ans, il a remplacé le vieux Brosseau à un encan. Il avait découvert sa vocation, sa « branche » comme il dit.

Il s'est mis à courir les ventes aux enchères du comté. Il a acheté à crédit une camionnette Dodge sur laquelle il a fait peindre, en belles lettres rouges et vertes, « ARMAND BESSETTE, ENCANTEUR ». Sa réputation grandissait. On l'appelait de Saint-Hyacinthe, de Lacolle, de Sorel, de Bedford, même de Nicolet et de Sherbrooke. Il partait des trois ou quatre jours.

Quand j'étais petit, il était rarement à la maison. Je m'ennuyais de lui. Chaque semaine, il m'apportait des cadeaux, des bizarreries, un canard de bois, le portrait d'un vieux monsieur habillé en zouave pontifical, une bicyclette presque neuve. Le soir, couché dans mon lit, je guettais son retour par la fenêtre de ma chambre, au-dessus du toit de la galerie. Il rentrait tard, après minuit. Le claquement de la portière de la camionnette me réveillait. Perdu sous son paletot et son chapeau, il marchait d'un pas lourd, parfois titubant, vers la galerie. Le ressort de la porte de la cuisine grinçait. Les pas montaient l'escalier. Il y avait le bruit de l'eau dans l'évier de la salle de bain, puis mon père gagnait la chambre à coucher, d'où transpiraient des chuchotements, parfois des éclats de voix.

Certains soirs, les pas s'immobilisaient devant ma porte. La main qui lissait les cheveux et portait la grosse alliance qui brillait dans le noir poussait le battant. Il entrait. Le plus souvent, je faisais semblant de dormir. Il me regardait quelques secondes, remontait mes couvertures.

D'autres fois, j'ouvrais grand les yeux.

— Tu ne dors pas ?

— J'ai fait un cauchemar.

— Conte-moi ça.

— Je m'en souviens plus.

Il n'était pas dupe. Je lui posais des questions sur son encan, dans quelle ville, combien de monde. Il répondait vaguement, préoccupé. Il préférait me trouver endormi dans mon innocence. Il lissait mes cheveux, me disait de dormir. Plus rarement il m'embrassait. Je reconnaissais l'odeur du gin. C'était une odeur agréable, elle me faisait penser aux soirées des Fêtes, aux dimanches après-midi d'été quand mes oncles jouaient aux cartes sur la galerie.

Je suis un accident. Mes parents m'ont eu sur le tard, à quarante ans passés. Quand j'étais petit, je ne saisissais pas ma relation avec les tas de ferraille que mon frère Roger m'amenait voir, les lendemains de catastrophe routière, au garage Pomerleau. Plus tard, j'ai compris que mes parents m'avaient fait sans le vouloir. Je ne suis pas le seul. Dans le village, presque chaque femme a promené un jour ou l'autre un landau sur le chemin des Patriotes en disant avec un sourire fatigué : « C'est mon accident. »

Mes parents m'ont sans doute fabriqué lors d'un retour d'encan. Après les murmures et les éclats de voix, d'autres bruits s'échappaient parfois de leur chambre. C'étaient les *skouik! skouik!* du matelas à ressort, un bruit régulier, envahissant, comme les cris d'agonie d'une grosse souris écrabouillée à coups de marteau. Un soir, je me suis levé et je suis allé écouter à leur porte. Avec un tel vacarme, personne n'entendrait mes pas. Suzanne a surgi, pâle comme un fantôme, et m'a renvoyé dans mon lit. Elle semblait vouloir me protéger de quelque chose.

L'agonie de la souris se terminait par les grognements de mon père. Ma mère ne disait jamais rien.

Les affaires de mon père prospérèrent si bien qu'il acheta le magasin général des Galipeau et le transforma en magasin de meubles. Il fit aménager à côté un local où tante Rose, fraîchement veuve, mit sur pied un commerce d'antiquités. Ainsi, le frère et la sœur Bessette établissaient leur empire, l'un tourné vers le présent, l'autre vers le passé, m'abandonnant sur l'étroit tremplin du futur sur lequel je m'avançais en tremblant, premier de classe effarouché, étourdi par le poids de la succession.

C'est à l'époque de sa réussite que mon père commença à se renfrogner. L'argent entrait à pleine porte. Il fit rénover et agrandir la maison, à tel point que ma mère engagea une femme de ménage et devint énorme. Il diminua ses déplacements pour se réserver quelques encans choisis, payants, chez des connaissances. Il engraissa, but davantage, cessa à cause d'une opération au foie, essaya le golf, la Floride et les grands restaurants de Montréal.

Il s'ennuyait. La facilité avec laquelle il vendait des mobiliers de salon coloniaux aux vieux des arrière-rangs semblait le dégoûter de l'existence. Nous grandissions et devenions plus instruits que lui. La politique évoluait. Sans le savoir, il regrettait le temps des dictionnaires et des encans.

Je comprends ces choses aujourd'hui. À cette époque, mon père était un mur. Quand il a ouvert son magasin de meubles, nos relations ont changé. Il ne partait plus vers des villes aux noms étranges, Coaticook, Maskinongé, Acton Vale. Il ne me rapportait plus de babioles. Il était devenu un commerçant à l'affût du profit et des intrigues de village, qui se levait le matin avec un air de croque-mort et s'enfermait le dimanche soir avec son comptable. Sans instruction, sans rêve, il n'avait même pas le loisir de vivre son drame, se contentant de ressentir un vide qu'il ne pouvait nommer.

Il était devenu un étranger. J'étais demeuré le petit garçon attendant son retour à la fenêtre de sa chambre. Il avait vendu sa camionnette. Il tentait de me rattraper à coups d'autorité et d'exigences.

Roger ne montrant de dispositions que pour la danse et les accidents d'autos, Suzanne étant une fille, je devins l'instrument de son ambition. Il m'emmena dans ses tournées, me fit travailler les fins de semaine au magasin. Il était trop tard. J'avais quatorze ans. J'apprenais le latin au Séminaire. J'écoutais Jacques Brel et les Beatles. J'avais basculé dans un monde qu'il ne comprenait pas et j'avais besoin de le rejeter.

Tante Rose lui fit réaliser que je n'étais pas fait pour le commerce. Il se désintéressa peu à peu du magasin, se contentant d'y apparaître, comme une star sur le déclin, à certains moments stratégiques. Depuis qu'elle ne pondait plus et ne faisait plus le ménage, ma mère ne s'intéressait qu'à la décoration de sa maison, qui changeait d'époque, de style, à tout bout de saison, selon les arrivages et les retours du magasin. Roger s'était marié à une fille de Chambly qui avait entrepris de l'élever. Il n'aimait pas l'étude et ne pouvait garder un travail plus de trois mois. Peut-être mûrirait-il à temps pour reprendre le magasin? Suzanne étudiait l'histoire à l'université à Québec. J'étais pensionnaire au Séminaire. Comme deux vieux boxeurs, mes parents se retrouvaient au centre du ring, devant une salle vide. Ils adoptèrent une chatte et consacrèrent un temps considérable à placer ses innombrables portées dans les fermes des alentours.

Dans cet état d'esprit, ils avaient accueilli avec indignation l'idée d'un mariage intime pour Suzanne. Une cérémonie sans fracas de cloches, sans parenté, un mariage de pauvres, à la sauvette? Pas question. Mon père tenait mordicus à mener avec style sa fille au quai de départ de la vie adulte. De ses trois enfants, elle était la seule qui ne l'ait pas déçu : il n'avait jamais rien attendu d'elle.

Nous arrivons devant l'église. De l'autre côté de la rue, la veuve Landry se berce, seule sur sa galerie. Elle regarde, l'œil sec, la mariée descendre de son carrosse inoxydable. Quand j'ai fait ma première communion, elle se berçait déjà, fidèle à son poste. À cette époque, elle marchait un peu. Nous l'apercevions, penchée dans son jardin, quand nous allions en rangs au premier vendredi du mois, la maîtresse jappant derrière nous comme un chien de ferme.

Les beaux samedis d'été, elle assiste au mariage des jeunes filles dont elle ne parvient plus à se rappeler les noms. Elle se revoit, jeunesse, marchant vers l'autel, sérieuse, heureuse peut-être.

Chaque beau samedi d'été lui apporte la preuve qu'elle évolue désormais en marge de la vraie vie.

— Michel ! Ta vitre !

Oui, tante Rose. Je ne sais pas pourquoi je pense à la veuve Landry. Je passe un doigt derrière ma cravate. Si je déboutonne le premier bouton de ma chemise, personne ne s'en apercevra. Petit, je ne comprenais pas pourquoi on disait des jeunes mariés qu'ils se passaient « la corde au cou ». Je rêvais de me marier, de quitter la maison et d'être maître de ma vie. Je regarde ma sœur et son fiancé qui l'attend à genoux devant l'autel, comme un lanceur d'avions de papier en punition. Je commence à comprendre. Quand on se marie comme ça, devant le curé et toute la paroisse, sans compter la parenté venue d'aussi loin que les États, on doit se demander dans quoi on s'embarque.

« Pour le meilleur et pour le pire »...

Le pire... C'est quoi, le pire ? À genoux devant l'autel, on doit trouver le mot vague en diable.

Mon père offre son bras à Suzanne. Bedaine rentrée, raide comme un piquet, il l'escorte vers les portes béantes de l'église en pierre des champs. Ils ont fière allure.

Le pire, c'est peut-être ce qui est arrivé à mes parents. L'amour, est-ce que ça dure toute la vie? Sûrement pas. Parfois, je me demande si ça existe pour de vrai. C'est comme la religion, c'est peut-être juste des histoires qu'ils nous racontent pour nous faire patienter.

Des fois, je vois tout en noir.

Chapitre 4

Cheese!!!

Le photographe recule, recule encore, l'œil plongé dans son viseur, nous ordonne de la main gauche de nous serrer devant l'église centenaire. À part la veuve Landry, une vingtaine de curieux, dont cinq gamins à bicyclette, observent la scène de l'autre côté de la rue. Le flot des automobiles se coagule sur le chemin des Patriotes. Bras aux portières, aisselles au vent, les vacanciers des chalets sifflent, klaxonnent. La voix de Pierre Lalonde s'échappe des radios et se mêle au fracas des cloches.

Dam dam dam voilà tout
C'est le temps des vacances

Le photographe agite de nouveau la main. Les deux parentés ne cadrent pas dans l'objectif. Les Lamothe ont emmené avec eux la moitié de la Beauce. Ils débordent sur les Bessette qui alignent leurs squelettes dans les dernières rangées. Oncle Jos et tante Rita sont venus de Val-d'Or, avec leurs trois filles qui reluquent les frères du marié. Le cousin oblat s'est planté en première ligne, boudeur. Ma sœur a fait bénir son mariage par son ami Jacques, un vicaire frais sorti du Grand Séminaire. Les Barsalou tiennent le flanc droit. Tante Rose se retourne et va chercher, deux rangs plus haut, tante Thérèse qui a la larme à l'œil en pensant à son Léo. La bouquetière a envie de pipi.

Le photographe lève la main.

— *Cheeeeeeese!...*

— C'est eux autres! crie ma mère.

Une Cadillac blanche s'immobilise devant la Lincoln des mariés. Gerry et Maureen jaillissent des sièges avant, la face longue, l'air de sortir d'une chicane, puis Sandra.

Elle a grandi d'un bon pied. Ses cheveux blonds tranchent sur ses épaules bronzées. Elle a de vrais seins et des cuisses d'actrice. Elle est encore plus belle que je l'avais imaginé.

— Jean-Baptiste est venu!

Sandra aide son grand-père Jean-Baptiste à extirper sa carcasse du siège arrière. Il se dresse, droit comme une fusée, clignant des yeux au soleil de midi. Au bas des manches de son veston élimé, ses larges mains pendent, inutiles.

Un Lamothe d'âge moyen se tourne vers moi.

— C'est ton grand-père?

— C'est l'oncle de papa. Il arrive des États.

La moitié des Bessette déserte le parvis pour se porter à la rencontre des arrivants. Le photographe allume une cigarette. Ma mère s'approche de Jean-Baptiste, se hausse sur le bout des orteils pour l'embrasser et lui déclare que cela n'a pas de bon sens. Mon père serre la main de son cousin Gerry et sort son anglais pour s'informer de la route.

Je m'approche de Sandra. Sa mâchoire s'est affirmée. Elle a des creux sous les pommettes.

— *Hi, Michel...*

— *Nice to see you.*

Je prépare ma réplique depuis trois jours. Elle met sa main sur ma nuque et m'embrasse sur les joues. Elle sourit et saisit le bras de Jean-Baptiste.

— Tu as fait des progrès en anglais, me dit-elle. Aujourd'hui, on parle français.

— Ton frère n'est pas venu?

— Il travaille. Il n'aime pas beaucoup les fêtes de famille.

Elle sourit. Nous nous comprenons. Le cousin John est en âge de travailler la fin de semaine et de lever le nez sur les noces de *pea-soup*. Les mots s'échappent des lèvres de Sandra, rocailleux, courbaturés par un sommeil d'une génération. Je reste planté comme un escabeau sur l'asphalte brûlant. Jean-Baptiste me tend la main pour célébrer notre ressemblance de grands six-pieds.

— Sirop de calmant! T'es le portrait de mon frère!

Je suis habitué. Trois fois par année, ma mère montre à la visite la photo de funérailles de mon grand-père Joseph. On pousse des oh! et des ah!, on cherche sur ma face boutonneuse le profil de l'aïeul. Mon père, irrité de son statut de relais, minimise la ressemblance.

— À mon avis, il ressemble autant aux Beaudry.

Durement ballottée sur son radeau d'Irlandaise, Maureen, la mère de Sandra, me reconnaît et me tend ses joues tavelées. Elle a engraissé depuis trois ans, mais elle est toujours belle. Ses épaules sont blanches au soleil. Elle est moins maquillée que mes tantes. Quand elle rit, deux toiles de rides se tendent sur ses tempes et font ressortir, comme des coins de ciel, le bleu irréel de ses yeux. Ma mère chuchote qu'elle prend un coup. Elle dit ça de tous les Irlandais.

Gerry continue à discuter avec papa. Je n'ai jamais aimé ses airs de faux riche et sa familiarité de *mononcle*. Quand il me voit, il me donne un coup de poing sur l'épaule ou me fait une prise de tête. Il m'appelle « Mike ». Quand il vient à Saint-Mathias, il s'assoit au salon avec mon père. Ils parlent de leurs affaires des heures de temps, en buvant de la bière. C'est à qui fait le plus d'argent. Gerry invite papa à s'exiler dans le

Mass[1]. D'après lui, il perd son temps au Québec. Il nous donne l'impression que nous vivons dans un trou.

Jean-Baptiste s'ébranle vers l'église.

— Le photographe nous espère pour la *picture*.

Il a le souffle court, le teint cendreux.

— Ça n'a pas de bon sens, répète ma mère.

D'un coup de nez discret, elle montre à tante Rose les chevilles enflées du vieux Franco-Américain. Les mariés n'ont pas bougé, de façon à empêcher le troupeau des Lamothe de se répandre dans le stationnement. La bouquetière, délivrée de son collant, se soulage derrière la statue de saint Joseph.

Suzanne présente la parenté des États à sa belle-famille. Elle insiste pour placer Jean-Baptiste dans la première rangée, à côté de Gerry et de Maureen, reléguant l'oblat au bout de la rangée, devant Titi Barsalou qui lui fait des grimaces. Sandra s'insère dans les Lamothe. Je grimpe derrière elle. Le

---

1. Massachusetts, État du nord-est des États-Unis.

photographe me demande de descendre d'une marche.

Je me glisse près de Sandra. Elle a des rosettes de cheveux blancs dans la nuque. Le photographe nous demande de nouveau de nous tasser. Les fesses de Sandra frôlent mon pantalon. Elle perd l'équilibre, je saisis sa main. Elle la garde.

— *Cheeeeeeese!*

Elle a des taches de rousseur au-dessus des seins. Tourmenté par une érection, j'entre dans l'album de photos, les yeux comme des piastres.

Chapitre 5

La petite fille aux cheveux platine

J'ai grandi près de la rivière, dans un pays de terres noires et de volcans rabotés par les glaciers. Ma famille y vit depuis trois cents ans, entre les récoltes et le clocher. Le Richelieu passe au bas de la terre avant de se perdre dans les îles de Sorel et le Saint-Laurent. Le fleuve s'évase dans le lac Saint-Pierre avant de se ressaisir, de doubler Trois-Rivières, Québec et de se jeter dans le golfe. Tante Rose dit que le premier Bessette a traversé l'Atlantique sur un bateau à peine plus gros qu'un autobus. Après la Conquête par les Anglais, nous avons hiverné sous la neige et les soutanes.

Dans l'échelle de la parenté, Sandra et moi sommes juchés sur le même barreau. Nous sommes nés en 1950, elle en juin, moi en juillet. Quand nous étions enfants, nos familles se fréquentaient. Gerry et Maureen venaient chaque juillet des États. Mon père était le cousin favori de Gerry. Ma mère disait que c'était à cause du chalet, tante Rose, à cause de la bière dans le réfrigérateur. À cette époque, le chalet était toujours plein de monde, de la parenté, des voisins, des clients ramenés des quatre coins du comté.

Mon père rayonnait au milieu du brouhaha. Héberger son cousin des États lui faisait un petit velours. D'abord, il avait l'occasion d'étaler son anglais devant le canton, de parler d'égal à égal avec un Franco-Américain qui réussissait dans les affaires. Ensuite, il savourait la sensation de posséder la terre et la rivière. Gerry avait beau faire une belle vie dans le Mass, conduire une Cadillac, aller le dimanche sur les plages de Cape Cod, il n'avait pas la rivière, les voisins, la terre, le village, toute cette vie qu'il venait retrouver chaque été. On avait beau dire, le cousin Gerry était un exilé, un «Canadien errant», comme dans la chanson. Lui, Armand Bessette, tout encanteur qu'il fût, était bien assis sur une plaque de terre de Saint-Mathias, avec en prime un chalet en aval du bassin de Chambly.

Mon père se trompait. Ce n'était pas Gerry qui insistait pour venir à Saint-Mathias. C'était Jean-Baptiste.

Dans mes premiers souvenirs, mon grand-oncle Jean-Baptiste n'était pas très différent des autres *mononcles* qui débarquaient périodiquement de Montréal ou d'Abitibi. Il avait un accent plus rugueux. Des mots anglais remontaient à la surface de ses phrases, aux moments les plus inattendus.

Il ne parlait pas beaucoup. Il s'assoyait dans un fauteuil de parterre, sous les arbres, et regardait la rivière, pendant des heures. Au début, j'ai pris son silence pour de l'orgueil. Après tout, c'était un Américain. Il vivait dans un pays immense, de l'autre bord des lignes. Les gens y étaient riches. Ils se promenaient en Buick ou en Cadillac, comme le cousin Gerry. Ils avaient battu les Allemands à la guerre. Ils avaient lancé une bombe atomique sur les Japonais.

Le Canada, ce n'était rien à comparer aux États. Et le Canada n'était pas vraiment mon pays. Notre pays à nous, les Bessette, les Beaudry, les Goyette, c'était le Richelieu et, un peu plus loin, les rives du Saint-Laurent, là où il y avait des Canadiens français. Quand mon père m'amenait à un match de hockey au Forum de Montréal, je n'étais déjà plus chez moi. Papa connaissait l'ouest de la ville, savait parler aux placiers et aux vendeurs de hot-dogs. Nous étions pourtant en terre étrangère. À Montréal, à Pointe-Saint-Charles où vivait tante Anna, nous n'étions plus dans le même pays qu'à Saint-Mathias. Nous sentions dans notre cou l'haleine du continent.

Jean-Baptiste n'était pas orgueilleux. C'était un solitaire, un «jongleux», comme disait ma mère. Veuf depuis dix ans, il aimait sa tranquillité. Le va-et-vient incessant des amis, des voisins et de la parenté lui pesait. Il sortait prendre une marche ou faire un tour de chaloupe.

Les premières années, je n'appréciais pas l'arrivée des cousins des États, en particulier de la petite blonde platine qui faisait pâmer tout le bord de l'eau. Sandra était une vedette. Dès le berceau, elle avait captivé son entourage. En grandissant, elle n'était pas devenue une virtuose des poses et des mots adorables mais une fillette sérieuse et réfléchie. Son charme était inné, comme une odeur. Elle était si belle, si intelligente, qu'elle jouissait d'une autorité naturelle.

À ma façon, j'étais moi aussi une vedette. Dernier de famille, ni mignon ni costaud, précédé d'un frère turbulent et brouillon, d'une sœur parfaite, j'avais compris qu'on attendait de moi que je sois intelligent. *Wise,* comme disait mon père. Cette intelligence ne devait pas s'appliquer qu'à l'école. Méfiant face aux livres, mon père appréciait pardessus tout que je comprenne ce qui se passait autour de moi. Histoires de famille, ragots de village, caractère d'un professeur : je devais analyser, comprendre et faire mon rapport au souper.

J'étais fin, j'étais *smart,* j'étais *wise.*

Ce passage accéléré vers la vie adulte, conjugué au gigantisme familial des Bessette, m'a transformé à treize ans, au plus fort de ma poussée de croissance, en une girafe assez monstrueuse. Heureusement, ma capacité d'adaptation m'a permis de conserver des amis et de survivre.

À cinq ans, j'étais normal, et même plutôt beau dans mon t-shirt blanc et mon short beige. Cette cousine Sandra me disputait pourtant mon territoire. Nos progrès étaient comparés. On nous poussait l'un vers l'autre, sans nous demander notre avis. Nous étions tous deux des bébés de famille. Habitués à imposer notre tyrannie à nos proches, nous n'aimions pas nous retrouver brutalement dans l'obligation d'être gentil avec notre double. Pire, de *jouer* avec lui.

Nous n'étions pas du même sexe. Nous ne parlions pas la même langue. Sandra comprenait le français, mais elle refusait de le parler. Elle faisait des pets, des bruits grossiers avec sa bouche quand je l'abordais. Bizarrement, c'était l'Irlandaise Maureen qui s'affligeait le plus de l'unilinguisme obstiné de sa fille. Elle s'en sentait responsable devant la famille, surtout devant Rose. À chacune de ses visites, ma tante auscultait l'âme française de Sandra et observait chez elle, avec une peine muette, les signes de son déracinement. Que son frère John ne parlât que l'anglais n'était pas surprenant : dès l'enfance, il s'était identifié à Gerry, lui-même enchanté d'être *a real American*. Que Sandra boudât le français semblait plus grave : si les femmes ne transmettaient plus l'héritage, tout était perdu.

Au bout de quelques heures, Sandra et moi arrivions pourtant à nous entendre. Dans le carré de sable, sur la balançoire, dans la rivière, nous bâtissions mot par mot, geste par geste, un dialecte bébé-franglais qui nous isolait de notre entourage. Nous étions différents et fascinés par notre étrangeté.

Le soir, mes parents allaient coucher à la maison, abandonnant le chalet à Gerry et à Maureen. Je passais mon lit au cousin John. Sandra et moi dormions dans la salle de séjour, dans de vieux sofas qui sentaient l'humidité. Dehors, la nuit pesait sur les grandes vitres. Le souffle humide de la rivière toute proche pénétrait nos couvertures. Les vagues clapotaient sur la rive, les ouaouarons rotaient dans les joncs, le vent faisait frissonner les érables.

Sandra respirait à quelques pieds de moi. Je la voyais, couchée sur le dos, yeux ouverts dans le noir, attentive aux bruits de la nature.

— Tu dors?

— *What?*

— *Sleep?*

— Non.

Une semaine plus tard, quand elle repartait vers le sud, j'avais un petit chagrin, vite oublié. Pendant les mois suivants, je pensais à elle. Mon père téléphonait à Gerry deux fois par année. Quand il raccrochait, ma mère lui demandait :

— Et les enfants?

— Ils sont bien.

Cela voulait dire qu'ils n'avaient ni la polio ni la méningite. Pour le reste, je demeurais dans le noir. Je n'osais pas poser de questions sur ma cousine, de peur de me faire taquiner par Roger. Mes souvenirs de Sandra m'appartenaient. En m'intéressant ouvertement à elle, j'aurais eu l'impression de la trahir.

Ma mère n'était pas dupe. Quand elle m'annonçait, fin juin, la venue prochaine des Bessett, elle m'attirait à elle, me forçait à m'asseoir sur ses genoux, me collait la tête contre ses gros seins.

— As-tu hâte de voir Sandra?

— Un peu.

Par l'échancrure de sa robe, je voyais la bretelle de son soutien-gorge. Après le lavage, ma mère le faisait sécher dans la cave plutôt que sur la corde à linge. La vision de ses grosses nacelles pendant à côté de la fournaise me donnait un curieux sentiment de honte.

— Tu n'as pas plus hâte que ça? Tu me diras pas que c'est pas la tienne!

La mienne? La conspiration continuait. Je me taisais. Je détestais ma mère quand elle me parlait ainsi. De quoi se mêlait-elle?

La mienne? Sandra n'appartenait à personne. Au cours de ces nuits fraîches de juin, pendant que j'attendais son retour, couché dans mon grand lit, je repensais à la petite fille aux cheveux platine. J'avais peur de la revoir. Avait-elle changé ? Trouverais-je les mots pour lui parler ? Serions-nous aussi heureux que l'été d'avant ?

Chaque hiver, elle se transformait dans ma tête. Par un beau samedi de juillet, quand elle descendait de la Cadillac blanche, je devais l'apprivoiser une nouvelle fois.

Chapitre 6

Où est tante Rose?

Figé pour l'éternité sur la pellicule du photographe devant l'église centenaire de Saint-Mathias, le groupe compact des invités explose et se presse vers les autos. Les mariés s'éloignent dans la Lincoln. Mon père, l'œil humide, rejoint ma mère dans la décapotable des Ostiguy.

Je perds Sandra dans la débandade. Sans me dire un mot, elle retrouve Jean-Baptiste et l'escorte jusqu'à la Cadillac de Gerry. Les premiers coups de klaxon ébranlent le village. Sur la galerie, la veuve Landry sort de sa torpeur et salue de la main les mariés. Personne ne la remarque.

Banderoles sur le capot, les automobiles traversent le village dans une cacophonie étourdissante. Les passants se figent sur les trottoirs, les têtes jaillissent des fenêtres, les joueurs de baseball se pressent contre les grilles de la cour d'école. Le cortège de grosses américaines s'étire, majestueux et débraillé, jusqu'à la sortie vers Richelieu. De là, nous roulons jusqu'à Marieville puis Mont-Saint-Grégoire, dont la salle municipale est gérée par un cousin de papa.

À la salle, ma mère note la disparition d'un satellite : tante Rose manque à l'appel. On fouille les rangées de convives qui défilent devant les mariés. La veuve est introuvable.

— Elle a dû s'oublier à l'église, grogne mon père. Roger!

Roger apparaît. Mon père n'a qu'à claquer des doigts pour le tirer du néant. Mon frère a beau s'amuser dans l'antichambre du pouvoir, il sait qui est son maître.

— Retourne à Saint-Mathias. On a perdu tante Rose.

Lui-même appelle sa sœur «tante Rose». Une fois veuve, Rose Bessette est devenue «tante Rose», pour tout le village.

— *She will never change,* dit Gerry en éclatant d'un rire gras.

Roger le regarde d'un air rusé.

— Tu me passes ta Cadillac, Gerry? J'en ai jamais conduit.

Le cousin Gerry est mal pris. Il peut difficilement refuser devant la parenté.

— En autant que tu me la ramènes d'un morceau...

— Fais pas le cow-boy, dit mon père.

Sa voix se fait menaçante. À vingt-sept ans, Roger en est à sa quinzième minoune.

Gerry, un peu pâle, lui tend ses clés.

— Michel va aller avec toi, décrète papa.

Je le regarde, surpris. Il espère sans doute que ma présence allégera le pied de mon aîné. À moins qu'il ne veuille que je lui fasse un compte rendu au retour.

— C'est comme vous voulez, dit Roger. Tu viens?

Roger gagne la Cadillac de son pas de panthère. Je cours derrière lui et me glisse sur le siège du passager. Il sort une paire de lunettes noires de la poche de son veston et me sourit. Il est inquiétant de ne pas voir les yeux de son frère aîné quand il vous emmène, un jour de noces, essayer la Cadillac d'un cousin des États.

Roger étend l'index. Avec un ronronnement d'ascenseur, les vitres sombrent dans les portières.

— Prêt ?

— Prêt.

La Cadillac se glisse lentement dans la rue principale et gagne la croisée. Roger regarde dans le rétroviseur.

— Tu devrais voir la face de Gerry !

Il prend la sortie de Marieville. Je ferme les yeux dans l'attente de l'inévitable : dès que la Cadillac est hors de vue de la salle, Roger écrase l'accélérateur. Les pneus hurlent. Je m'enfonce dans le cuir imprégné du parfum musqué de Maureen.

Le moteur gronde comme la fusée d'*Objectif Lune*. La dernière fois que je suis monté à bord de la Cadillac, c'était lors de notre randonnée à Cape Cod. L'intérieur s'est défraîchi depuis. Les affaires de Gerry vont peut-être moins bien. Il n'a plus les moyens de changer de voiture.

Roger conduit, impénétrable, la cravate retroussée sur l'épaule. Il double une Chrysler, se range *in extremis* pour éviter un face-à-face. Il me jette un coup d'œil. Il peut ricaner. Je mourrai avant d'avouer que j'ai peur.

Passé les dernières maisons du village, le rang fend des fermes dont les silos étincellent au soleil. Le mont Saint-Hilaire, assoupi à l'horizon, veille sur la rivière. Les filles s'éventent sur les balançoires et suivent des yeux le bolide immaculé. De la main droite, Roger fourrage dans les ondes AM.

She loves you yeah yeah yeah
With a love like that
You know you should be glad

Il se carre dans son siège et tape du pied gauche. Il sort un « dix onces » de Jack Daniels de sa poche et en prend une gorgée. Il double une voiture, négocie le virage du rang du Grand Bois, visse le bouchon de sa flasque, la remet dans sa poche puis la retire pour m'en offrir une gorgée.

Mieux vaut tard que jamais. J'engouffre une lampée du liquide. C'est horrible. Roger a dû voir ça dans un film de James Dean. Je lui repasse le flacon en avalant ma grimace. La peur, la vitesse, l'alcool... La vie est un examen perpétuel.

Chemin du ruisseau Barré. Roulant sur ses amortisseurs fatigués, la Cadillac rugissante enveloppe le monument du frère André d'un nuage de pétrole.

Mon frère me sourit. Nous pensons à tante Rose. Elle ne rate jamais une occasion de dire à tout venant que le saint homme était le cousin de son père. Nous, les enfants, nous ne nous en vantions pas, de peur de faire rire de nous à l'école.

Roger et moi nous passons de nouveau le « dix onces ». Nous avons tout de même eu de bons moments ensemble. Nous avons douze ans de différence. Quand j'ai su marcher, parler, courir, c'était déjà un adolescent racoleur. Je jouais encore au père et à la mère avec Francine qu'il sortait avec les filles, empruntait l'auto de mon père et dépensait ses premières paies.

Il m'emmenait parfois à Chambly voir un film ou une partie de balle molle. Il n'avait pas de patience. Quand je m'ennuyais et voulais retourner à la maison, il se fâchait et me ramenait à ma mère en me disant que c'était la dernière fois qu'il me sortait. Quelques heures plus tard, pris de remords, il me retrouvait dans ma chambre. Nous descendions dans la cour. Nous nous lancions le ballon de football sous le chêne, sur le gazon tapissé de feuilles mortes.

Il était grand, beau, fort. J'étais maigrichon, un grand veau abandonné par sa mère. Je me regardais dans le miroir, désespéré. De quoi aurais-je l'air au soir de ma première danse?

Plus tard, les choses se sont gâtées. Nous avons cessé de nous parler. Je crois que c'est à cause de mon père. Il nous a toujours mis en compétition.

Rang de la Petite Savane. Rang du Cordon. Nous nous taisons. Peut-être est-ce ma faute, après tout? C'est moi qui ai tout inventé. S'il me parlait, Roger en aurait peut-être long à dire sur mes façons de petit dernier angélique.

Au village, l'église est déserte. À l'intérieur, l'air est agréablement frais. Le bedeau relève les agenouilloirs. Il a vu une femme flâner dans le cimetière.

Derrière l'église, tante Rose, assise sur une pierre tombale, capuchon de stylo au coin des lèvres, prend des notes dans un calepin. Elle fait dix pas, se penche pour déchiffrer une épitaphe, ses fesses écartelant la couture de sa robe de soie pistache.

Elle entend finalement nos pas sur le gravier.

— Vous voilà! Je savais que quelqu'un finirait par me trouver. J'ai voulu vérifier une couple de dates après les photos.

— Tout le monde vous cherche à Saint-Grégoire, dit Roger.

Tante Rose fait semblant de ne pas avoir entendu.

— C'est la tombe de votre arrière-arrière-grand-mère. Je ne sais pas où était le curé quand elle est morte. Sa sépulture n'est pas au registre.

MARGUERITE BISSONNET
épouse de Pierre Besset
13 MAI 1821 — 25 JANVIER 1857

— Besset?

— À l'origine, il n'y avait pas de *ette*. Les Canadiens français ont mis des *ette* et des *otte* partout. Les noms changent. Tu vois, Gerry écrit son nom « Bessett ». Il ferait n'importe quoi pour avoir l'air américain.

Tante Rose range son calepin dans son sac à main et nous suit jusqu'à la Cadillac. Elle prend place à l'avant. Roger fait crisser ses pneus à dix pieds du bedeau qui roule le tapis rouge.

— Mon doux! Le voilà qui part à toute vitesse! Tu vas nous tuer, tête de linotte!

Chapitre 7

Fall River, Mass.

Roger hausse les épaules, lève un peu le pied.

I'm a loser
And I'm not what I appear to be

Tante Rose baisse le volume de la radio. Elle a perdu tout espoir en Roger. Elle se tourne vers moi.

— Sais-tu que le curé de Fall River m'a envoyé l'acte de mariage de Jean-Baptiste?

Tante Rose a le cœur jeune, mais elle aime ce qui est vieux. Les vieux meubles, les vieux papiers, les vieilles histoires, tout sauf les vieux eux-mêmes. Elle a soixante-cinq ans et elle appelle «p'tites vieilles» celles qui en ont soixante-six.

Depuis qu'elle est veuve, elle a entrepris de faire la généalogie des Bessette. Dans sa maison, elle a une pièce remplie de papiers où elle démêle, sur un grand tableau, l'écheveau des parentés. On lui écrit de partout, des États, de France et même d'Australie. Ma tante Rose est une sommité mondiale en matière de Bessette. Elle est un peu fêlée, mais c'est la seule qui ne m'a pas reproché de ne pas avoir invité Francine au mariage.

L'estomac barbouillé par le Jack Daniels, je tends mon visage au vent parfumé de fumier. Chemin de la Pointe de Chemise. Tout excitée par sa visite au cimetière, tante Rose entreprend un monologue.

— Ton arrière-grand-père Joseph a hérité de la terre de Pierre. Il était l'aîné. Ses trois frères sont partis pour l'Abitibi. La terre était devenue trop petite pour installer les enfants. Plus tard, l'un des trois frères, un François marié avec une Côté, a traversé à Sudbury pour travailler dans les mines. On a perdu contact avec ces Bessette-là. Quand Joseph est mort, mon père, un autre Joseph, a pris la ferme. Les temps étaient durs. On disait que les ouvriers faisaient de bons salaires aux États, dans le textile. Comme ses oncles étaient partis en Abitibi, Jean-Baptiste s'est exilé, jeunesse, pour se faire une vie au Massachusetts.

Je connais l'histoire. Je l'ai entendue il y a cinq ou six ans. Nous approchons du monument au frère André. Tante Rose s'excite.

— Avez-vous vu, les enfants?

— On le sait, *matante*. Le frère André était le cousin de ton père.

Tante Rose soupire. Je souris et regarde les champs de blé d'Inde. Les vaches agitent la queue sous les ormes, découragées. Le mont Saint-Grégoire tremble au bout du rang du Grand Bois.

Le frère André me ramène à mon enfance. Un été, après ma deuxième année, Sandra n'est pas venue au chalet. Gerry et Maureen rénovaient la maison de Jean-Baptiste. Juillet m'avait semblé vide sans la visite de ma cousine.

L'année suivante, nous avons fait le voyage à Fall River. Partis à l'aube, nous sommes arrivés après le souper. Tassé entre Suzanne et Roger sur la banquette arrière, j'ai aperçu une grande maison blanche à deux étages, à moitié cachée par des ormes. Maureen nous a accueillis sur la véranda. Gerry était parti réparer des téléviseurs dans sa camionnette.

Des volées de cris jaillissaient de l'entrée fraîchement asphaltée. Sandra jouait au basket-ball avec ses amis. Pendant que Roger et Suzanne étrennaient leur anglais avec le cousin John, je me suis approché de la mêlée, intrigué par ce sport inconnu. À ma vue, Sandra s'est immobilisée. Elle ne semblait pas enchantée de voir débarquer, au beau milieu d'une partie, devant une pleine cour d'amis, son cousin *from Canada*. Avec une moue discrète, elle s'est souvenue des recommandations de sa mère, m'a présenté à ses amis et m'a invité à jouer avec eux.

Le ballon rebondissait de main en main, me passait au-dessus de la tête, entre les jambes. Les petits Américains me regardaient du coin de l'œil, comme un animal étrange. Je ne reconnaissais plus Sandra. Elle était presque aussi grande que moi. Absorbée par le jeu, les joues rouges d'excitation, elle ne faisait pas attention à moi.

J'ai abandonné la partie, blessé dans mon orgueil. Le voyage avait été long. J'avais envie de pleurer. Pourquoi Sandra faisait-elle semblant de ne pas me connaître?

— Michel!

Dans l'arrière-cour, Jean-Baptiste, en salopette, fumait une cigarette sur le seuil d'une remise. J'ai couru vers lui. À sa gauche, un potager alignait ses rangées de concombres et de tomates. Jean-Baptiste m'a pris dans ses bras. Ses mains osseuses sentaient la térébenthine.

— Attends que la *game* soit finie. Elle va te rejoindre après.

Perché dans les bras de Jean-Baptiste, je regardais de près son visage. Il avait les sourcils très longs, semés de poils blancs, des rides profondes dans lesquelles s'était déposé du bran de scie, des joues rugueuses, parsemées de croûtes brunes, comme du lait au chocolat séché.

Il m'a déposé. J'ai jeté un coup d'œil à l'intérieur de la remise.

— Tu veux voir ?

La remise débordait de planches, d'outils noircis par l'usure, de pièces de moteur. Sur les poutres du toit, un canot rêvait d'une rivière. Sur un établi gisait, lampes à l'air, un téléviseur éventré.

— Tu répares des télévisions toi aussi ?

— J'aide mon garçon.

Au fond de la pièce, un petit poêle ronflait, gueule ouverte sur des retailles de pin qui crépitaient. Baptiste a entrepris de balayer la sciure qui emplissait la remise de son odeur. À mes pieds, une voiturette rouge, flambant neuve, m'hypnotisait.

— C'est à moi ?

— C'est à Sandra. Si tu veux, je t'en ferai une.

À la brunante, ses amis dispersés dans le voisinage, Sandra nous a rejoints dans l'atelier. Elle semblait à la fois soulagée et inquiète de voir que Baptiste et moi nous étions liés d'amitié. À ma surprise, elle s'est adressée à son grand-père en français.

— Tu as fini ma voiture?

— Comme tu vois. Demain, on en fait une à Michel.

Jean-Baptiste a soigneusement rangé ses outils, fermé le poêle, éteint la lumière et nous a ramenés à la maison. Gerry était arrivé. Il servait du fort à mon père. Maintenant, Jean-Baptiste et Sandra parlaient anglais. Je ne comprenais pas. C'était comme si je venais de changer de poste à la télévision.

La maison était immense, pleine de chambres, de placards et d'escaliers. Le premier soir, un orage a éclaté. Couché sur un matelas rayé à côté du lit de Sandra, j'étais demeuré éveillé, troublé par les bruits de sa respiration et de la pluie dans les fenêtres. J'étais au bout du monde. Avant de se coucher, Sandra m'avait chuchoté un *Good night* et m'avait embrassé sur la joue. Le souvenir de ce baiser m'emplissait d'un sentiment étrange, nouveau, que je n'arrivais pas à définir.

Il s'était à peine écoulé deux ans depuis sa dernière visite. Nous avions neuf ans. Était-ce le fait de la voir chez elle, à Fall River? Elle n'était plus la même. Moi non plus. Une partie de notre enfance avait basculé à jamais derrière nous.

La petite fille aux cheveux platine n'existait plus.

Il a plu toute la fin de semaine. Gerry a emmené mes parents et les plus grands à Boston, nous laissant à la garde de Maureen et de Jean-Baptiste. Sandra et moi jouions d'interminables parties de Monopoly dans le grenier. Maureen nous apportait du chocolat chaud et des biscuits, tant que nous en voulions. La langue du jeu était l'anglais. Enhardi, je commençais à risquer quelques phrases. C'était facile. Les mots étaient là, tout proches, dans ma tête, même si je ne les avais pas appris à l'école.

Entre deux faillites, nous enfilions des imperméables et courions à la remise. Nos espadrilles faisaient de gros bruits de becs dans la pelouse gorgée d'eau froide. Les grands arbres se perdaient dans la brume. La pluie rabattait sur nous la bonne odeur de la cheminée. Derrière les vitres embuées, Jean-Baptiste, crayon sur l'oreille, coupait et sablait ses morceaux d'érable. Cheveux collés au front, Sandra et moi nous séchions près du poêle, posions des questions à Jean-Baptiste qui répondait par des phrases hachées, entrecoupées de silences et de bruits de respiration. De temps à autre, il posait sur nous un regard affectueux, un peu triste. En travaillant, il réfléchissait, tout le temps.

— Pourquoi est-ce que vous parlez français ici et anglais dans la maison? lui ai-je demandé.

— C'est une bonne question. Gerry n'a jamais voulu que Maureen apprenne le français. Pour lui, ce n'est pas utile. Ici, c'est les États.

Le dimanche, Gerry nous a amenés à Cape Cod, tout le monde, même Jean-Baptiste. Il pleuvait toujours. Les deux autos se suivaient sur l'autoroute. Sandra et moi écrasions nos nez contre la vitre sillonnée de rigoles obliques.

Nous roulions sur un crochet de sable qui s'enfonçait dans la brume. J'ai baissé ma vitre. Un vent frais, chargé de pluie et de sel, me piquait les narines. Sandra riait à mes côtés. Notre gêne du premier soir avait disparu. Nous étions de nouveau complices.

Derrière les dunes de sable hérissées de petits fouets verts, je n'entrevoyais qu'une masse grise, où ciel et mer se confondaient.

Les autos s'immobilisèrent enfin. Le bruit des vagues me parvint. Elles s'écrasaient sur la plage, l'une après l'autre, poussées par une brise venue de l'horizon. Découragés par la pluie, mes parents restèrent dans l'auto. Je sortis et traversai le cordon de dunes.

La mer s'étendait devant moi, à perte de vue. La plage était plate, dure, déserte. Le dos rond, les vagues montaient du large, parallèles. Au loin, elles n'avaient l'air de rien, quelques rides sur la mer. Quand elles s'approchaient, elles se gonflaient, comme en colère. À cent pieds de la plage, elles roulaient, grondaient, se coiffaient d'une écume qui s'affaissait pour réapparaître sur une autre crête. Plus près encore, elles se dressaient, devenaient translucides, se salissaient d'algues et de sable avant de se briser sur la langue d'eau abandonnée par la vague précédente.

Sandra est venue me rejoindre. Elle connaissait la mer. Nous avons enlevé nos souliers, relevé nos pantalons et couru dans les vagues. La pluie est devenue plus violente. Nous étions trempés jusqu'aux os. Ma mère nous criait de revenir.

— Vous allez attraper la mort!

Nous n'écoutions pas. Nous courions en riant comme des fous dans la mer hérissée par l'averse.

Debout sur une dune, les yeux protégés par un chapeau de paille, Jean-Baptiste nous regardait. Hors de son atelier, il semblait gauche. Il est finalement venu nous chercher, pour apaiser Gerry qui klaxonnait furieusement.

De retour à Fall River, Jean-Baptiste m'a donné ma voiturette. Elle était pareille à celle de Sandra, sauf qu'elle était bleue.

— Tu penseras à moi en te promenant.

Jean-Baptiste avait déjà des problèmes de cœur à cette époque. Il avait fait une crise. Son médecin lui avait ordonné de ralentir. C'était un peu pour ça que nous étions venus à Fall River.

La Cadillac s'immobilise devant la salle municipale de Saint-Grégoire. Je sors de ma torpeur. Plus haut, du côté de la montagne, les pommiers implorent le ciel de leurs bras tordus. Dans le stationnement, Titi Barsalou examine curieusement la Renault du marié.

Tante Rose s'approche. Elle jette un œil dédaigneux sur la petite importée.

— Mon doux! Dire que du monde se promène là-dedans! C'était plus beau quand les mariés partaient en buggy...

— C'est fini le temps des buggys, *matante*, dit Roger. On est en 1965.

— C'est ça qu'il y a de pire. Dans trente ans, il y aura juste les vieux qui vont parler français ici.

— Et nous autres?

— Vous autres? Vous aurez tout oublié.

Chapitre 8

Le fantôme de Célanire

Des tintements de verre me parviennent par les portes ouvertes de la salle. Au-delà du hall d'entrée tapissé de faux Beatles, je pénètre dans un four à pizza. De longues tables sont disposées autour d'un plancher de danse rectangulaire. Sur l'estrade, devant les amplis de l'orchestre local, les mariés luisants de sueur président la table d'honneur. Les Lamothe sont d'un bord, les Bessette de l'autre. Le vicaire, l'oblat, les papas, les mamans s'épongent devant leur couvert, en ordre déclinant et symétrique. Comme on ne disposait pas de grands-parents chez les Bessette, on a réquisitionné Jean-Baptiste. À ses côtés, une chaise attend tante Rose. Elle traverse le plancher de danse, rougissante sous les applaudissements.

Cravate desserrée, manches retroussées sur leurs bracelets de chemises, cigarette fichée entre le majeur et l'index, les hommes se pressent autour du bar. Aux tables, les femmes discutent à voix basse, se taisent à mon approche.

Je cherche Sandra. Elle est assise avec ses parents au bout d'une table de Lamothe, à gauche de l'estrade. Les invités se mettent à taper sur leur verre avec leur fourchette.

— LES MARIÉS ! LES MARIÉS !

Les mariés se lèvent, s'embrassent. Je longe le buffet en direction de l'estrade. Une pomme entre les dents, deux cochons de lait enrobés d'une gelée au porto fixent le gâteau de mariage de leurs yeux carbonisés.

Sandra parle en anglais avec un frère du marié, un génie à lunettes qui étudie au Séminaire de Québec. Je passe près d'elle sans dire un mot. Les tintements recommencent.

— LES LAMOTHE! LES LAMOTHE!

Papa et maman Lamothe se lèvent, s'embrassent. Je me taille une place à la table de Roger. Des bouteilles de vin mousseux circulent. Pendant que le traiteur s'affaire autour du buffet, trois musiciens chromés venus de Montréal s'avancent vers les mariés. Le violoniste joue *Quand on s'aime bien tous les deux*. On mange. Sandra attrape le bouquet de la mariée. Au lieu de m'égayer, le vin me rend triste. Ma belle-sœur pose gentiment sa main sur mon verre. Je m'esquive vers le bar.

Malgré mes six pieds, le barman refuse de me servir.

— C'est pour mon père.

— Fais pas le *smatte*. T'as pas l'âge.

Juste à côté, Gonzague, verre à la main, jase avec une serveuse. Il fait un clin d'œil au barman. Je m'éloigne avec une bouteille de mousseux. Les mariés dansent la première valse. Leurs parents se joignent à eux puis la masse des invités. Il fait plus de cent degrés dans la salle.

Je m'approche de l'estrade. Jean-Baptiste est seul à la table d'honneur. Les yeux ternes, décharné, il soupèse un verre de Coke dans sa main semée de taches pourpres. J'ai le sentiment de le voir pour la dernière fois.

Je m'assois à ses côtés.

— Tu danses pas ? me demande-t-il.

— J'aime pas ça.

— Sirop de calmant ! Dis plutôt que t'es gêné. Verse-moi un verre. Ta tante Rose est partie. Aie pas peur ! Ça me fera pas mourir !

Je lui remplis un verre de vin. L'orchestre entame une polka assourdissante.

— Il n'y a pas moyen de s'entendre. Viens.

La bouteille à la main, il m'entraîne vers l'arrière de la salle, où une porte nous permet d'échapper à l'enfer des décibels. Nous découvrons une cour déserte donnant sur un verger. Jean-Baptiste enjambe une clôture de bois et va s'asseoir sous un pommier.

— Tu trouves pas qu'on est mieux ici ?

Il avale une gorgée de mousseux.

— C'est pas du vin de pissenlit. Ton père s'est lancé dans des grosses dépenses.

— Il a rien qu'une fille. Ça fait un bout de temps que vous étiez pas venu à Saint-Mathias.

— Neuf ans! Avoir eu les moyens, je serais revenu ici quand j'ai pris ma retraite.

— Vous n'êtes pas heureux aux États?

— Mes amis sont morts. Mon garçon ne parle plus ma langue.

— Vous auriez pu vendre votre maison et venir vous établir ici.

Jean-Baptiste se tait. On dirait que j'ai fait une gaffe.

— J'aurais dû me débarrasser de ma maison il y a longtemps, reprend Jean-Baptiste après un silence. Des fois, on regarde sa vie par derrière et on s'aperçoit qu'on a manqué une courbe.

— Quelle courbe?

— Quand je suis parti de Saint-Mathias, c'était pas pour la vie. Je pensais revenir au bout de cinq ans avec de l'argent de poche, de quoi acheter une terre ou ouvrir un commerce.

— Vous êtes parti quand?

— En 1902. J'avais dix-huit ans. Ton grand-père Joseph était l'aîné. Il héritait de la terre. J'avais pas de métier. Les États étaient une solution. Dans les filatures, le travail était dur, mais le salaire était assuré. On travaillait douze heures par jour, six jours par semaine. Un célibataire comme moi pouvait mettre quelques sous de côté.

« Le soir, après l'ouvrage, je m'ennuyais. J'aime pas me tenir avec le monde. J'ai acheté un terrain à la limite de la ville. Je me suis bâti une petite maison, à temps perdu, le soir ou le dimanche. Le curé me regardait de travers. Pensez ! Travailler le dimanche ! C'est pas ça qui me tracassait.

« Les années ont passé. La ville a grossi. Autour de moi, les Américains bâtissaient de belles maisons qui mettaient la mienne en valeur. J'ai pris de l'ambition. J'ai agrandi. Plus qu'un an, que six mois, et je vendais. Je me voyais déjà de retour au Canada, les poches pleines.

— Qu'est-ce qui est arrivé ?

— J'ai rencontré ma femme. Je m'étais juré de ne pas me marier aux États. J'ai connu cette fille-là. C'était pas la plus belle, mais c'était la plus *bright*. J'ai pas pu résister.

— Qu'est-ce que vous avez fait ?

— Je l'ai mariée, sirop de calmant ! Dans ce temps-là, tu pensais pas à autre chose !

— Vous le regrettez?

— Pas une miette. C'est ce que j'ai fait de meilleur dans ma vie. On a fait une noce comme celle-là, à Fall River. La photo, le bouquet, la première valse...

— Et vous êtes allés vivre dans votre grande maison?

— C'est ça. Puis la guerre de 1914 est arrivée. Le Canada était en guerre, les États-Unis étaient neutres. J'avais pas envie de servir de chair à canon dans les vieux pays. J'ai attendu que ça passe. On a eu les enfants. D'année en année, on reportait notre départ. Finalement, on n'est jamais revenus à Saint-Mathias. Ma femme est morte. Les enfants étaient américains. Il était trop tard.

— Vous vous êtes pas remarié?

— Une fois, c'est en masse. Un vieux garçon qui se marie et qui est heureux en ménage doit pas tenter le sort une deuxième fois. Les souvenirs, c'est fidèle. Tu les embellis si t'as envie.

Tante Rose a souvent dit que Jean-Baptiste ne s'est jamais remis de la mort de sa femme. J'aurais aimé la connaître. Tante Célanire... Quel drôle de nom! C'est comme ça que mon père l'appelait. Jean-Baptiste et Célanire. C'était la grande histoire d'amour de la famille. Célanire est morte de la tuberculose. Tante Rose disait qu'elle avait attrapé froid en allant travailler à la *factrie* dans une boîte de camion. C'est la seule image que j'ai de tante Célanire. Une petite femme aux cheveux bouclés, le teint pâle, qui tousse en remontant son col dans une boîte de camion remplie d'ouvrières.

— Viens. Ils vont se demander où on est passés.

Nous retournons nous asseoir à la table d'honneur. Jean-Baptiste regarde danser les invités. Il est triste. À ses dernières noces, il ne valse plus qu'avec un fantôme dont les traits se troublent dans sa mémoire. Il se verse un autre verre et se tourne vers moi, de nouveau serein.

— As-tu vu Sandra? Il se passe pas une semaine sans qu'elle parle de toi.

Je me change en homard.

— Tu devrais l'inviter à passer une semaine au chalet. Elle a emmené son bagage. Sans le dire à Gerry, comme de raison.

Chapitre 9

L'été de Sandra

Sandra a apporté ses bagages! La nouvelle me laisse la culotte à terre.

— Vous faites pas de farces, au moins?

Jean-Baptiste me sourit.

— Je te jure. Sandra m'a dit qu'elle venait passer un mois au chalet.

Pourquoi ne m'en a-t-elle rien dit à l'église? Pourquoi parle-t-elle toujours avec le Lamothe à lunettes? Je ne dois pas me faire d'illusions. Si elle reste par ici, ce n'est peut-être pas à cause de moi.

Le tumulte que provoque chez moi le projet de Sandra m'amène à me poser des questions moins agréables. Mon bonheur n'est-il pas exagéré? Après tout, Sandra n'est qu'une lointaine cousine, que j'ai vue cinq fois dans ma vie. Francine avait raison d'insinuer que la venue de Sandra n'était pas étrangère à sa disgrâce.

Je la regarde. Elle penche la tête pour mieux entendre le jeune Beauceron. Glissant sur son épaule nue, ses cheveux concentrent le soleil qui entre par les fenêtres grillagées de la salle. Elle lève la main pour replacer le rideau doré derrière son oreille, révélant par l'échancrure de son aisselle la naissance d'un sein plein, ferme, qui m'émeut étrangement.

Pendant que les valseurs se font plus nombreux, la noce plus bruyante, et que Jean-Baptiste se verse un autre verre de vin, je retrouve les bourgeons qui soulevaient le t-shirt de Sandra à l'été 1962.

Nous avions douze ans. Je n'avais pas vu ma cousine depuis notre voyage à Fall River, trois ans plus tôt. Les Bessett ne venaient plus à Saint-Mathias.

Des tensions que je ne comprenais pas étaient nées entre les deux familles. Le cousin Gerry travaillait tout le temps, à croire qu'il réparait tous les téléviseurs du Massachusetts. La santé de Jean-Baptiste n'était pas bonne. Les enfants de chacun grandissaient. Avec le temps, des mailles filaient dans la trame de la parenté.

Un samedi de juillet, Gerry est arrivé, seul avec Sandra. Il paraissait soucieux. Mon père n'était pas là. Pendant que Sandra et moi nous réapprivoisions, Gerry a longuement parlé avec ma mère dans le chalet. Ce n'était pas dans ses habitudes. Quand nous apparaissions, la conversation se tarissait brusquement. Ils parlaient d'une mystérieuse « elle ». Ce ne pouvait être que Maureen.

Sandra avait grandi, plutôt mal. Il lui poussait des seins. Elle avait presque perdu sa grâce. Une distance s'était installée entre nous, qui n'avait rien à voir avec la pudeur de son accueil à Fall River. L'un reconnaissait chez l'autre, comme dans un miroir, les signes de sa condition d'exilé. Nous n'étions ni enfants, ni adultes, ni même adolescents. Plus jeunes, nous avions joué au funambule sur la clôture des Roberge. En cet été de nos douze ans, nous avancions, oubliés du monde, sur un fil que nous étions les seuls à voir. Le danger nous grisait, mais nous avions peur. De temps à autre, nous avions besoin de nous réfugier dans notre enfance. Ces passages furtifs entre deux mondes nous rendaient instables, changeants. Nous ne savions jamais à qui nous parlions.

Depuis le berceau, nous avions été des doubles. Nous étions maintenant des *quadruples*. Ce statut ambigu donnait à nos jeux, à nos discussions les plus banales, une saveur troublante.

Gerry est sorti du chalet. Il a tiré la valise de Sandra du grand coffre de la Cadillac et l'a portée dans ma chambre. Ma cousine était calme, silencieuse. Je me suis éclipsé, la laissant seule avec son père. Il lui a répété quelques recommandations du genre « Sois bien sage » ou « Téléphone-moi ». Un froissement de linge m'est parvenu. Il devait l'embrasser sur le front ou la serrer dans ses bras.

Les yeux brillants, Sandra a regardé la Cadillac s'éloigner dans un grincement de gravier. Elle a à peine mangé au souper.

Le soir, alors que nous étions enroulés dans des couvertures devant un feu, face à la rivière qui roulait ses eaux noires, Sandra m'a révélé, bribe par bribe, les dessous du mystère. Maureen avait quitté la maison deux semaines plus tôt. Depuis deux ans, Gerry et elle se disputaient continuellement. Jour après jour, Sandra avait supporté les cris, les insultes, les claquements de portes. Le matin, elle trouvait son père endormi dans son fauteuil, devant l'écran neigeux de la télévision, une bouteille vide à son chevet.

Elle n'était pas sûre que sa mère eût vraiment un autre homme dans sa vie. Maureen lui avait dit que Gerry avait inventé l'histoire de toutes pièces. Elle s'en allait parce qu'il était jaloux et qu'il buvait. Sandra ne savait plus qui croire.

Gerry avait envoyé John dans un camp de vacances. Sandra avait préféré venir à Saint-Mathias. Jean-Baptiste aurait aimé l'accompagner, mais il était demeuré avec son fils pour l'empêcher de faire une bêtise.

Le feu crépitait, soufflait des étincelles vers les hautes branches des érables. Au-delà, les étoiles nous écoutaient, comme des spectateurs perdus dans une salle immense.

Je me taisais, l'œil fixé sur la sève qui s'échappait en chuintant d'une bûche trop verte. Le spectacle du feu m'attristait. Je m'enfonçais dans des sables mouvants de pessimisme. Gerry saoul dans son fauteuil, mon père suffoquant dans sa graisse de nouveau riche... La vie d'adulte était traîtresse. Bien chanceux celui qui mourait sans avoir sombré dans la peine ou le ridicule.

Sandra me sourit. Conter son histoire lui avait fait du bien.

— C'est un mal pour un bien, tu ne trouves pas? Sans ça, j'aurais passé mes vacances au Massachusetts.

Je n'allais pas la contredire. Tout n'était pas noir. Sa présence à mes côtés, sous un ciel romantique, m'emplissait d'une émotion tendre, troublante, nouvelle, que je ne pouvais définir. Sandra me ressemblait. Avec elle, je pourrais partager les pensées qui m'agitaient depuis des mois et dont je n'avais parlé à personne. Comme dans le carré de sable, comme dans le grenier de la maison de Fall River, nous recréerions notre univers de signes et de mystères.

Je me suis pelotonné sous ma douillette. Au sud les lumières de Chambly éclairaient le ventre des nuages de beau temps. Ces histoires de détresse et de séparation ne nous touchaient pas. Nous avions devant nous trois semaines de bonheur.

Au fil des jours, Sandra a oublié ses humeurs maussades. D'abord hésitant, son français s'est raffermi puis est revenu au galop. Elle s'est intégrée à la famille avec une aisance déconcertante. Les jours de pluie, elle faisait des tartes avec ma mère. Le samedi, nous partions avec papa et tante Rose ramasser des vieilleries dans l'arrière-pays. Roger la faisait rougir au souper, Suzanne lui prêtait ses robes.

Le matin, je me levais le premier. Pieds nus sur le plancher humide, je courais allumer le radiateur à propane. La rivière était calme. Des lambeaux de brume s'enroulaient aux arbres de la rive opposée. Je retournais me blottir sous les couvertures. Sandra grognait, se tournait dans le lit de mon frère Roger, une mèche blonde accrochée sous son nez mutin.

Après le déjeuner, nous allions explorer le bois du bout de la terre, traîner à la ferme de l'oncle Léo, lire dans une chaloupe ancrée dans le chenal. L'après-midi, après l'obligatoire jeûne de deux heures, nous nous baignions avec la bande du bord de l'eau. Francine était trop jeune pour être vraiment jalouse de Sandra. Vers trois heures, ma cousine et moi désertions. Nous mangions des sandwichs à la confiture sous les arbres du parterre, couchés sur les grandes douillettes, en lisant des bandes dessinées.

Vers quatre heures, nous retournions à l'eau. Le soleil était moins haut. La rivière s'endormait, prenait des tons d'or et de vert. Les brochets, les perchaudes, les crapets que nous apercevions derrière nos masques, stationnés près du rideau d'algues à la frontière du chenal, nous semblaient plus mystérieux. Les voisins, de retour de leur travail, se baignaient avant de souper.

La soirée était consacrée aux jeux : le baseball, la *tague*, les lumières, le ballon chasseur. Le soleil coulait derrière Chambly, abandonnant la planète aux maringouins. Il fallait entrer chercher les cotons ouatés, les pantalons longs, les bouteilles d'insecticide. Le crépuscule était l'heure rituelle du *kick-la-canne.* Sandra et moi allions souvent nous cacher ensemble. Sous le chalet, dans les joncs, dans un arbre ou sous la pointe d'un yacht, nous retrouvions notre intimité ricaneuse. Nous attendions que nos amis soient morts pour goûter la gloire d'être les plus résistants aux moustiques. Le chic était de surgir de nulle part, après avoir fait mariner le boucheur une dizaine de minutes, de courir dans l'herbe humide, entre chien et loup, et de délivrer la bande en envoyant voler la boîte de conserve d'un grand coup d'espadrille.

Quand nous rentrions, le chalet sentait la citronnelle. Sa besogne faite, son thé bu, ma mère allait au village rejoindre mon père et le confort de son mobilier de chambre hawaïen. Suzanne mettait sa veste de laine et sortait jaser avec une amie dans la balançoire. Sandra et moi prenions chacun un sofa. C'était l'heure des chips et de la télévision. Suzanne rentrait vers onze heures et nous envoyait nous coucher.

Au bout de trois semaines, Gerry et Maureen sont venus chercher Sandra. Ils se minouchaient, se bécotaient toutes les trois minutes pour prouver qu'ils s'étaient raccommodés. Ma cousine a fait sa valise, l'a glissée dans le coffre de la Cadillac, a embrassé la famille, regardé le bord de l'eau et est disparue.

On était le trois août. L'été était terminé. Dans la famille, l'été 62 resterait toujours « l'été de Sandra ».

Chapitre 10

Une dernière gigue

La main de Jean-Baptiste passe devant mes yeux.

— Sors de la lune, t'as l'air d'un sans dessein.

Je retrouve la noce et la nouvelle Sandra qui étincelle comme la statue de la Liberté. Elle est demeurée dans la même posture, tête penchée, écoutant le savant discours du génie de Saint-Georges de Beauce. C'est une femme maintenant. Elle n'a rien à faire avec une girafe boutonneuse comme moi.

À mes côtés, Jean-Baptiste, le regard brillant, a profité de ma rêverie pour vider un autre verre de mousseux.

— Tiens ! Le violoneux se dégèle les doigts...

Cédant aux demandes des Beaucerons, le violoniste aligne une couple de reels. Pompette, Maureen rompt son isolement d'unilingue et entraîne papa Lamothe dans la danse. Les parentés se fondent en une lave informe, d'où fusent des rires et des blagues salées.

Je regarde toujours Sandra. Elle se désintéresse de son compagnon. Elle hésite. Elle a envie de danser. Les joues rouges d'excitation, elle se lève et se laisse happer par les chaînes et les tourbillons. Le génie Lamothe, pris au dépourvu, la suit, sautille quelques instants sur place puis retraite à sa table. Jean-Baptiste sort un flacon de son veston et dépose une pilule sous sa langue.

— Une vie, ça passe vite... Suis-moi !

L'arrivée de Jean-Baptiste sur le plancher de danse crée une commotion. Encore attablée, ma mère pousse un cri et échappe du rôti sur sa robe. Elle fait face à un dilemme : doit-elle sauver

Jean-Baptiste de l'infarctus ou sa robe de la tache? Le cousin Gerry, inquiet, abandonne le bar et s'avance au premier rang des spectateurs.

Les bras de Jean-Baptiste se mettent à battre l'air, lentement, comme des ailes de moulin à vent. Ses pieds se soulèvent, se rabattent sur le plancher, font claquer ses souliers cirés. Les yeux dans le vide, le visage fermé, il se désarticule, ondule comme un saule sous les assauts du violoneux qui s'approche. Les autres danseurs s'immobilisent. Maureen, des mèches de cheveux cendrés s'échappant de sa toque, le rejoint au centre du cercle. Jean-Baptiste salue l'entrée de sa bru d'un sourire et fait un signe à Sandra. Les yeux en feu, les mains sur sa jupe, ma cousine retrouve les pas de la gigue dans le grenier de son enfance.

Ma mère, serviette mouillée à la main, ordonne aux musiciens d'arrêter. Ils l'ignorent. Jean-Baptiste danse. Une tristesse plane sur la noce : les Franco-Américains sont les seuls qui savent giguer. Je regarde Sandra. Une peur blanche au cœur, je me précipite dans le cercle. Les yeux clos, je laisse mes pieds apprivoiser le rythme. Je lève les bras et oublie les spectateurs, habité d'un bonheur intense. J'entrouvre les yeux. Sandra me sourit.

Elle est toujours à moi.

Le reel tourne sur lui-même, torturé, sautillant, un commentaire ironique sur la futilité de la vie et son éternel recommencement. Voyageur clandestin venu d'Écosse ou d'Irlande, il a traversé le temps sous des habits français, porté par des archets anonymes.

Sandra sourit toujours. Cette musique dont je ris avec mes copains du Séminaire nous unit mieux que tous les mots.

Mes parents ne faisaient pas de musique. Mon père nous a élevés dans l'amour de l'argent et des objets, de ce qu'il appelait pompeusement la vraie vie. La musique était une perte de temps, d'autant moins utile qu'elle ne produisait pas, comme la peinture ou la sculpture, de choses vendables, du moins par un encanteur. Dans le bas-côté des choses agréables et défendues, elle avait sa place à côté de la fête et de la boisson.

J'ai entendu mes premiers reels quand j'allais me promener à bicyclette dans la rue Landry. Dans une petite maison en papier-brique, entouré des carcasses de voitures que ses fils démontaient pour s'amuser, vivait un nommé Dubois. On disait de lui, sur un ton plein de sous-entendus, que c'était un *chômeur*. Il jouait du violon sur sa galerie. Je voyais son nom sur l'affiche de l'*Hôtel Rodéo* chaque lundi sur la route de Richelieu.

Les oreilles aux aguets, j'appuyais sur mes pédales et passais en vitesse devant la maison du violoneux, comme s'il eût été le diable. Les pieds sur la rampe de la galerie, une petite bière à ses côtés, la barbe longue, il semblait curieusement heureux pour un chômeur.

Certains soirs, des automobiles encombraient la rue Landry. Toutes fenêtres allumées, la maison de papier-brique déversait un torrent de notes sur le silence désapprobateur du village. Je m'arrêtais à l'ombre d'une haie. J'écoutais la musique. Des rires meublaient la nuit, des cris de femmes. Des hommes sortaient pour uriner dans la cour, la pointe rouge de leur cigarette brillait dans le noir.

Les dernières notes du reel s'accrochent dans les guirlandes. Jean-Baptiste fait claquer une dernière fois ses talons. On l'escorte jusqu'à une chaise. Il souffle comme l'harmonium du frère Rosario.

— Il fait terriblement chaud ici dedans.

Il met sa main sur l'épaule de Sandra et se dirige vers la sortie de secours. Ma mère déclare qu'il n'est pas raisonnable et qu'il va la faire mourir. Les musiciens entament un rock and roll. Maureen boit une gorgée de bière dans le verre de mon frère Roger, fait « Youhou ! » et l'entraîne sur le plancher.

Mon frère est déjà dans un état délabré. Le coq de travers, le veston en accordéon, il fait virevolter une Maureen hilare dans l'immense machine à boules qu'est devenue la salle municipale de Mont-Saint-Grégoire.

Sandra regarde sa mère.

— *Mom is gone.*

Le constat ne recèle aucune surprise. L'impression qui me tenaille depuis son arrivée se confirme. Chez elle, les rôles sont inversés : les enfants veillent sur les parents. Au terme d'une passe échevelée, Maureen échappe au contrôle de mon frère et va s'échouer, cuisses à l'air, dans les bras d'un Lamothe rougissant. Sandra hoche la tête.

— Elle aime tellement danser...

Je pourrais dire la même chose de mon frère. Je jette un coup d'œil sur ma belle-sœur. Sagement assise à une table de côté, elle parle avec deux autres jeunes femmes, oublieuse de la noce. De temps à autre, son œil décroche et retrouve son Roger au milieu de la cohue. Elle évalue calmement son état et retourne à sa conversation. La patience même. Ma mère l'adore. Roger aussi, à sa façon. Il est intelligent sous ses allures de sans cervelle. Parmi les jeunes filles qui chassaient dans les salles de danse du comté, il a choisi la plus douce et la plus solide, avec la sûreté d'un acheteur de chevaux.

Mon frère Roger est beau. Il est brillant. Il est le Soleil. Je suis la Lune. J'ai dû m'inventer une nuit où briller. Je ne pourrai lui parler d'égal à égal avant d'avoir conquis mon indépendance. En attendant, nous régnons sur deux mondes différents. Nous nous retrouvons sur le terrain neutre du sport. Il me bat encore au tennis, mais ça ne durera plus longtemps. Il vieillit, il engraisse. Je connais déjà le scénario : quand mon père abandonnera tout à fait le magasin, il sortira brusquement de l'enfance pour continuer l'entreprise familiale.

Je serai déjà loin.

Roger a récupéré Maureen. Ils accaparent de nouveau le milieu de la piste. Sandra ne les quitte pas des yeux.

— Ton frère est *crazy*.

— Je sais.

— Vous ne dansez pas? intervient Jean-Baptiste.

— Je n'ai plus le goût, dis-je.

Jean-Baptiste me regarde. Il n'est pas dupe. Je veux sortir, me trouver seul avec Sandra loin de ce four.

— On va prendre l'air.

La porte de côté est ouverte. Le soleil de juillet nous éblouit. La noce a débordé par l'escalier de secours. Bouteilles de mousseux à la main, trois couples dépareillés valsent, lunettes de travers, entre les ailes brûlantes des automobiles.

— Y a pas à dire, c'est une belle noce, dit Jean-Baptiste.

— *Everything's all right?* demande Sandra.

— *All right!* dit Jean-Baptiste.

Les valseurs lèvent leurs bouteilles et saluent Jean-Baptiste. Il finit de reprendre son souffle, heureux. L'oncle Jos danse avec une jeune femme non identifiée. Il essaie de l'embrasser dans le cou. Elle le repousse en riant. Ils rêvent de changer de vie en même temps que de partenaire. La noce sert au moins à ça.

Sandra se tourne vers moi.

— Où as-tu appris à giguer?

— En te regardant. Jean-Baptiste m'a dit que tu avais amené ta valise.

— Je ne sais pas si je vais pouvoir rester. Mes parents partent en Virginie la semaine prochaine.

La sueur plaque ses cheveux sur ses tempes.

— C'est peut-être ta dernière chance de passer du temps par ici, dit Jean-Baptiste.

Les yeux de Sandra se voilent. Une femme pousse un cri.

— Les mariés s'en vont!

Nous gagnons la porte de devant. La

salle s'est vidée. Les mariés partent pour le Maine. Éclatante dans son ensemble de voyage jaune, ma sœur Suzanne distribue les baisers pendant que son mari flambant neuf inspecte la Renault. Les mamans pleurent. Les hommes font des farces cochonnes. Tante Rose remet au marié l'arbre généalogique des familles Lamothe et Bessette, douze générations cordées jusqu'aux Iroquois, avec au bas des cases pour leurs enfants. Mon père et Gerry se répandent en directives sur les routes américaines.

Le marié fait démarrer le moteur. Suzanne se glisse, genoux serrés, à ses côtés. Elle m'aperçoit au milieu des convives, me sourit. Un bref instant, nos yeux restent accrochés. Ma grande sœur, mon unique sœur, s'en va pour la vie.

Elle a toujours été mon alliée au sein de la famille. Elle me gardait quand mes parents allaient au cinéma ou en Floride. Les visites de ses premiers cavaliers éveillaient chez moi une jalousie souterraine. Je me glissais derrière le sofa pour les espionner, avec la bénédiction tacite de ma mère.

Certains samedis soirs d'hiver, nous

nous retrouvions seuls à la maison. Ma sœur, qui avait une curieuse passion pour le hockey, s'installait devant la télévision. Je brossais ses longs cheveux, juché sur le dossier du divan. Ces soirs-là, elle me permettait de me coucher tard et de pénétrer dans sa chambre, haut lieu de ses rêveries. Dans sa robe de nuit qui sentait la lavande, elle s'assoyait près de moi sur son lit. Elle répondait à mes innombrables questions, me faisait écouter Leclerc et Trenet à la lueur d'une chandelle fichée dans une bouteille de vin, me montrait ses livres de couvent, ou mieux ses romans interdits par les curés.

Ma sœur ne couchera plus dans sa chambre. Elle s'en va vivre à Québec avec son mari. À qui vais-je parler?

Les mariés s'arrachent à la glu des parentés. Ils sont jeunes, beaux et fatigués. Agitant la main, ils foncent vers la frontière, dans le fracas des boîtes de conserve qui arrachent des étincelles à l'asphalte du député.

Chapitre 11

Les ailes de Gonzague

L'attendrissement provoqué par le départ des mariés diminue l'ardeur des convives. S'épongeant le cou, le pied un peu plus las, ils réintègrent la salle, où le spectacle des restes du buffet, discrètement pillés par les employés du traiteur, achève de saper leur enthousiasme.

Le Lamothe à lunettes, tenace, m'a encore volé Sandra. Le temps de sourire à Suzanne, de glisser un mot à Jean-Baptiste, il a entraîné ma cousine dans son orbite. Il a vingt ans et le charme de la nouveauté. Je n'ai aucune chance.

L'orchestre essaie tant bien que mal de ramener les invités sur le plancher de danse. Je m'approche du bar. Gonzague, coudes appuyés sur le comptoir, fume à côté du barman. Pour le serveur, la noce n'est qu'une routine, la fin d'une trop longue semaine de travail.

Gonzague me regarde sans indulgence.

— Ton père a encore soif?

— Vous avez tout compris.

— Tu peux me dire tu. Qu'est-ce que je te sers?

— J'ai le choix?

— C'est ton père qui paie.

— Une bouteille de mousseux.

— Ton frère vient de prendre la dernière.

— Un whisky.

J'ai dit le premier mot qui me passait par la tête. Le barman éclate de rire. Gonzague lui donne un coup de coude dans les côtes.

Le barman me sert un verre plein d'un liquide jaunâtre, dont la seule odeur me fait lever le cœur. Je quitte les deux hommes et me dirige vers le côté le plus obscur de la salle. Soudainement la noce me pèse affreusement. Je voudrais être dans ma chaloupe, dérivant sur la rivière.

Sandra danse un slow avec son prétendant.

Je prends une gorgée de whisky. C'est pire que je pensais. Gonzague et le barman me guettent du coin de l'œil. Ils s'attendent à me voir me saouler, boire jusqu'à vomir dans le stationnement. Ce serait dans la tradition familiale. Un garçon n'est pas un homme tant qu'il n'a pas pris une bonne brosse. Quelle meilleure occasion qu'une noce pour marquer son entrée dans le monde adulte!

Merci pour moi. À l'insu de tous, j'abreuve de mon poison une plante en plastique. Pas de danger qu'elle se ratatine.

Un deux, un deux trois. Le cha-cha-cha est un remède radical pour réchapper une danse. Le Lamothe à lunettes a dû suivre des cours, il écume le plancher comme un chat en chaleur, les coudes en l'air, le croupion sorti. Sandra n'est pas mal non plus. Je l'aimais mieux quand elle giguait.

J'aperçois mon père à travers le rideau mouvant des danseurs. En face de moi, de l'autre côté de la salle, il regarde la noce, solitaire. Je retourne au bar.

— Un autre.

— Fais attention, Ti-Gars, me prévient le barman. C'est pas du *ginger ale*.

— Laisse-le donc tranquille, fait Gonzague.

— J'ai pas envie de me faire engueuler par son père.

Je m'approche de papa. Dans sa main droite, il tient un verre de bière vide où la mousse a laissé des cercles beiges. Sa main gauche sort de sa poche et vient lisser ses cheveux, chasser les soucis, comme une queue de vache.

Mon arrivée le tire de sa rêverie.

— Tu es là !

— J'espère.

— Tu danses pas ? demande-t-il sur le même ton étonné qu'a ma mère quand je refuse une deuxième assiettée de ragoût de boulettes.

C'est sa noce, son argent, son plaisir.

— Non.

— La danse, c'est pas ton genre.

— Non.

— Qu'est-ce que tu bois ?
— Du *ginger ale.*
Il sent mon verre.
— La bouteille a fermenté.

Il ne m'engueule pas. J'ai passé l'âge. Il n'est pas aussi sévère avec moi qu'avec les plus vieux. Je ne sais pas si c'est qu'il vieillit ou que je suis le bébé. L'éternelle adolescence de Roger a épuisé son capital d'inquiétude. Je suis condamné à être un bon garçon.

Un deux, un deux trois. Nous glissons dans un silence assiégé par les bruits de la coutellerie que l'on range. À part Jean-Baptiste, les hommes que je connais ne se parlent pas. Ils discutent. De leur travail, de sport, de politique. De femmes, j'imagine, mais pas devant moi. J'ai perdu mon père au détour de l'enfance. Il s'est éclipsé dans son monde d'homme d'affaires. Le pire, c'est qu'il a l'impression de me rendre service, de se sacrifier pour me payer les études qu'il n'a pas pu faire, me donner la liberté dont il n'a pas joui. Il croit que je devrais lui en être reconnaissant. Il serait le premier surpris si je lui disais que j'aurais préféré continuer à me promener avec lui dans sa camionnette aux belles lettres rouges et vertes « ARMAND BESSETTE, ENCANTEUR ».

Je m'ennuie de l'homme en paletot qui venait dans ma chambre la nuit, me regardait dormir et déposait un canard de bois sur mon coffre de jouets.

Je suis fatigué de ce silence. J'avale mon verre d'un trait.

— Vous avez l'air triste, dis-je à mon père.

— C'est beaucoup de tracas, un mariage. Quand t'arrives à la noce, tu n'as plus le cœur à fêter.

— C'est pas de ça que je vous parle.

— Qu'est-ce que tu veux me dire ?

— Vous êtes pas heureux. Vous êtes en train de crever dans votre argent.

L'œil d'aigle de mon père s'ouvre grand, s'embue. Son armure se fêle, puis il sombre dans une colère noire.

— De quoi tu te mêles ? Veux-tu me sacrer patience ? Si c'est ça qu'ils t'apprennent au Séminaire, je ferais aussi bien de te rentrer dans l'armée !

Sa voix enfle. Quelques têtes de danseurs se tournent. Je bas en retraite. Je suis saoul, brusquement. Le whisky, le mousseux, le Jack Daniels me sont tombés dans les jambes. J'ai le cœur gros et en rage en même temps.

Cha-cha-cha. La finale de l'orchestre suspend le temps. Les danseurs éclatent de rire, se désarticulent et rompent les rangs. Riant, suant, Sandra et le Lamothe à lunettes se dirigent vers les lignes de côté.

Je m'approche d'eux avec la subtilité d'une bétonneuse.

— Sandra! Viens avec moi, j'ai quelque chose à te montrer.

Pris de court, mon rival ne peut que rire jaune. Je saisis Sandra par le coude et l'entraîne vers le bar, comme dans un rêve.

— Où m'emmènes-tu?

— On s'en va d'ici.

— Tu es fou! *The party is not over!*

Elle rit. Elle a toujours aimé l'imprévu. Derrière le bar, Gonzague nous fixe de ses yeux de reptile. Le serveur, cure-dents au coin des lèvres, est hypnotisé par les hanches de Sandra.

— On s'en va, Gonzague.

— Où vous allez comme ça, les amoureux?

— À la maison, pour la réception. La Lincoln est libre?

— T'en as parlé à ton père?

— Il est d'accord.

Gonzague me regarde d'un œil soupçonneux. Il sourit ensuite. Il étouffe lui aussi dans la salle surpeuplée. Qu'a-t-il à perdre à obéir à un ordre du fils du patron ? Si je mentais, je serais le premier à subir les foudres de mon père.

Gonzague ramasse son paquet de Players.

— *All aboard!*

Je prends la main de Sandra. Sans nous retourner, nous quittons la salle et retrouvons le soleil. La Lincoln nous attend dans le stationnement.

Bye bye, la parenté ! C'est à notre tour de nous envoler. Pèse sur le gaz, Gonzague !

Les pommiers nous regardent prendre le chemin de Saint-Mathias, indifférents.

Chapitre 12

La rivière

— Tu es chanceux de vivre au Québec, me dit Sandra.

— Tu n'aimes pas les États-Unis?

— Vous êtes chez vous.

Sandra et moi cuvons notre vin à l'arrière de la Lincoln, cheveux aspirés par la route, savourant la brise après l'enfer.

— Chez nous? On a beau dire, on n'est pas chez nous. As-tu entendu parler du FLQ?

— Les bombes dans les boîtes aux lettres? Gerry prétend que c'est des communistes. Quand il lit ça dans les journaux, il se fâche.

— Moi, je suis content chaque fois qu'ils font sauter quelque chose. Il est temps qu'on fasse l'indépendance.

Sandra écoute mes slogans. Elle semble perplexe. J'ai peur de l'avoir effrayée. Je lui demande ce qu'elle pense de l'indépendance.

— Pour moi, le Québec, c'est loin. C'est de plus en plus loin. Quand Jean-Baptiste va mourir, je vais oublier d'où je viens. On est les seuls à parler français à la maison. Des fois, je pense que ça n'a pas d'importance.

Je me tais, décontenancé. Je n'ai pas envie d'entamer une discussion politique. Je détourne la conversation sur la santé de Jean-Baptiste.

— Son médecin lui a conseillé de mettre de l'ordre dans ses papiers, dit Sandra. Quand Jean-Baptiste est revenu à la maison, il a éclaté de rire. « Mes papiers ! Moi qui a jamais eu que mon baptistère pis mon contrat de mariage ! » Depuis ce jour-là, il parle de revenir ici.

— Et toi ? Vivrais-tu à Saint-Mathias ?

J'imagine Sandra dans une de mes soirées de fin de semaine, embrassant le fils du vendeur de tracteurs.

— Quand l'été revient et que je pense à la rivière, je voudrais être à Saint-Mathias.

— Autrement?

— J'oublie.

Banderoles sur le capot, la Lincoln traverse Saint-Mathias. Le fils Landry a rentré sa mère dans la maison. Sandra et moi envoyons des saluts aux paroissiens qui ne se font pas dorer la fale au bord de l'eau. Je suis heureux. Je suis triste. *Quelque chose* finit aujourd'hui.

Gonzague met le clignotant pour tourner dans la cour. Je lui tape sur l'épaule :

— Au chalet!

— T'es sûr? Ton père m'a dit que...

— Il fait trop chaud. La réception est au chalet.

Il nous balaie des yeux dans le rétroviseur, sourit et arrête le clignotant. La perspective d'une bière froide, bedaine à l'air, pieds nus sur le gazon, le fait saliver. Peut-être aussi imagine-t-il le sermon que va me servir papa quand il va débarquer au chalet?

Sandra me regarde.

— *We go for a swim?*

— *Sure!*

Elle est belle. J'arrache ma cravate et la lance dans la gravelle. Un rêve fou me traverse. J'ordonne à Gonzague de nous conduire au presbytère, j'arrache le curé à sa chaise longue et il nous marie, pas de niaisage, avec Gonzague et la servante comme témoins. La suite est plus vague. Nous volons la Lincoln et nous enfuyons quelque part, peut-être le Nord, Chibougamau, Schefferville... ou Val-d'Or. L'oncle Jos serait content. Sans parler de tante Rose, qui dessinerait dans son livre des morts et des naissances ce bourgeon de Bessette sur le tronc de l'Abitibi.

Les peupliers du chalet frémissent sous un lourd vent du sud. Sous l'œil des voisins, Sandra saute de la Lincoln et court jusqu'à la porte à moustiquaire. Le ressort grince, la porte claque. Le chalet est frais et sent l'ammoniac. Ma mère a fait venir une femme de ménage, au cas où la noce dériverait par ici.

Sandra fait le tour du salon et des chambres, comme un chat. Elle retrouve un à un ses souvenirs, la face de singe taillée dans une noix de coco, *made in Florida*, les vieux romans d'aventure aux pages soudées par l'humidité, le réfrigérateur trapu qui fait vibrer le plancher, les divans sur lesquels nous dormions il y a dix ans, les douillettes à la doublure tassée.

Elle se tourne vers moi et me sourit distraitement. Elle semble troublée, je ne sais pourquoi. Malgré nos moments de connivence, ma cousine demeure lointaine. Nous ne retrouverons jamais notre enfance.

— On va se baigner?

La voilà de nouveau enthousiaste. Deux minutes plus tard, nous plongeons au bout du quai. Sandra pousse un cri. À l'orée du chenal, les grandes algues nous chatouillent les cuisses. Nous coursons jusqu'au milieu de la rivière. Nous nous laissons emporter par le courant. Nous battons des pieds pour nous signaler aux yachts et aux *cruisers*. Des gouttelettes irisées aux sourcils, ses cheveux flottant sur ses épaules sportives d'où dégringolent les bretelles du vieux maillot de Suzanne, Sandra brille comme un soleil.

— Tu restes?

— Que le diable si je retourne aux États !

La rivière ne m'a jamais déçu.

Chapitre 13

Une silhouette dans le sentier

Nous nageons vers la rive. Les automobiles des invités s'immobilisent sous les arbres, comme des bêtes venues boire à la rivière. Notre idée a fait des petits. Découragés par la chaleur, mes parents ont détourné le flot des convives de la maison vers le chalet. Ses talons aiguilles enfoncés dans le gazon, ma mère veille aux opérations. Chaises et tables pliantes, restants du buffet, verres et coutellerie sont transportés par Gonzague et des voisins compatissants.

Une partie des Beaucerons a lâché prise. Papa, maman et les enfants Lamothe ont accepté l'invitation de mes parents. Le génie boude à l'écart pendant que ses frères roucoulent avec les cousines d'Abitibi. Les Barsalou et le vicaire sont là, mais l'oblat est introuvable. L'agent Labatt, suant sous son costume de Monsieur 50, installe un bar portatif à l'ombre des peupliers. Mon frère Roger titube bras dessus bras dessous avec Maureen en chantant *Salade de fruits*. Le monde rit, boit, déboutonne sa chemise, pousse des ouf ! et des ah !, tend sa peau blanche au soleil.

Sandra et moi apparaissons, ruisselants, reniflants dans nos serviettes. Mon père fait semblant de ne pas nous voir. Il paraît au seuil de l'éruption. Il attend sans doute la fin de la noce pour me parler de mon escapade.

Notre vue provoque une ruée vers les maillots de bains. Virevoltant comme un tourniquet dans la cuisine, ma mère coordonne le trafic des baigneurs dans les chambres, garde un œil sur les couples trop entreprenants.

Attirés par la fête, les voisins du bord de l'eau convergent vers le bar 50, chaises de soleil à la main. Une silhouette familière attire mon regard.

Vision de cauchemar, Francine marche dans le sentier qui longe les joncs, souriante, fraîche sous une chemise blanche et une jupe accordéon. Elle se dirige vers le chalet, tête haute, avec la simplicité triomphante des victimes d'injustice.

Je reste planté sur le gazon, muet. L'apparition de Francine ne fait pas partie du scénario. J'aurais dû la prévoir. C'est une amie de la famille. Ce n'est pas parce que j'ai eu l'indélicatesse de rompre avec elle deux semaines avant le mariage qu'elle se priverait du plaisir de venir saluer mes parents et m'observer en compagnie de la Reine du Massachusetts.

Francine aborde ma mère, l'embrasse. Elle partage avec son ex-belle-mère son émotion de maman qui marie sa fille. Malgré ses quinze ans, elle connaît les sentiments des adultes. Elle est comme ça depuis toujours. Au père et à la mère, elle était toujours la mère. Moi, je ne faisais pas un bon père. J'étais le docteur, le bébé, le curé, n'importe qui sauf le père. J'ai même été le chien.

Mon père s'approche d'elle et la serre dans ses bras. Il l'a toujours aimée. Francine fait partie de son monde. C'est la fille du voisin, une fille saine, solide, qui ferait de beaux enfants et me rapatrierait dans le giron du village. Papa a une dent contre l'instruction. Le Séminaire a donné des idées de grandeur à son fils le moins bête.

— *Who's that girl? Is it Francine?* me demande Sandra.

Elle tire le visage de mon ex de ses souvenirs de vacances et l'époussette.

— Oui.

— *You look strange.*

— Tu as dit qu'on parlait français aujourd'hui.

— Je ne me souvenais pas qu'elle était jolie.

Jolie, Francine? Je rêve. Sandra en train de me vanter la beauté de Francine! Je regarde mon ancienne blonde de plus près. Elle est un peu grassette. Elle n'a pas la finesse de traits de Sandra. Les filles s'évaluent selon un code de beauté que je ne comprends pas. Les plus jolies, sûres d'elles-mêmes, ne se gênent pas pour se mettre à leur avantage aux côtés des moins gâtées.

Francine n'est pas laide. C'est un fait. Je ne la vois plus : je la connais depuis trop longtemps.

Son arrivée dissout le charme de ma baignade avec Sandra. Un voile tombe sur la noce. Soudain, je suis aussi gai qu'une borne-fontaine.

Francine abandonne mes parents et se dirige droit sur moi. Elle sourit. Mon père a raison quand il dit, admiratif, qu'elle a du front tout le tour de la tête. Je l'ai abandonnée et c'est elle qui triomphe.

— Salut, Michel.

— Salut.

Elle est habillée. Sandra et moi sommes à demi nus sous nos serviettes. Avantage Francine. Elle m'embrasse sur les deux joues, question d'établir notre nouveau mode de relation. Un silence malaisé s'installe. Je sors des limbes : Francine attend que je lui présente Sandra.

— Tu te souviens de Sandra?

— Probablement mieux qu'elle ne se souvient de moi.

Sandra sourit, lointaine. Elle ne daigne pas relever l'allusion et regarde du côté des autres invités. Cette scène de vieux couple l'ennuie. Le silence persiste. Je veux assassiner Francine.

— J'espère que vous vous amusez. Michel avait tellement hâte de te voir! À tantôt!

Francine s'éloigne.

— J'ai soif, déclare Sandra.

Sans m'attendre, elle part en direction du bar. Mes orteils prennent racine. On me retrouvera dans cent ans, transformé en saule pleureur.

Sandra, sourire aux lèvres, se mêle de nouveau aux invités. Roger a sorti le tourne-disque. L'indispensable Gonzague, en camisole, suspend une guirlande de lumières en plastique entre deux arbres. Monsieur 50 accompagne une samba en secouant des cocktails. La noce, un moment amortie par la chaleur de l'après-midi, reprend vie. Le vicaire sort du chalet en maillot de bain, pâle comme une hostie. Pendant que Jean-Baptiste, mains dans les poches, erre comme un spectre au milieu des invités, ma mère se multiplie, discrète et efficace, rejetant avec délice les invitations à s'asseoir.

La chaleur se fait plus étouffante. Le vent du sud charrie des nuages joufflus.

M'arrachant au règne végétal, je vais m'étendre sur ma serviette loin des convives, dans l'espoir que Sandra vienne me retrouver.

Couché sur le ventre, le visage enfoui dans mon bras replié, j'attends. Les minutes passent.

I can't get no I can't get no
Satisfaction

Le soleil aspire les gouttes d'eau sur mon avant-bras. Sandra est sûrement en train de danser avec les autres. J'ai sans doute l'air d'un débile, tout seul au coin du terrain. Le grand Michel boude encore. Au diable! Allez tous au diable, Francine, Sandra et les autres! Personne ne me comprend. Personne ne prend la peine de venir me trouver.

C'est peut-être aussi bien. Qu'aurais-je à raconter? Le retour de ma blonde exilée m'a mis à l'envers? L'indifférence de ma cousine des États a jeté mes fantasmes à l'eau?

Je suis un rêveur ridicule.

Les accords aigres de *Mer morte* achèvent de m'enfoncer dans la mélancolie. Je lève la tête. Roger danse un slow langoureux avec Francine. Il a toujours su où frapper sous l'armure. Le génie a récupéré Sandra. La petite fille aux cheveux platine a grandi, mais elle est demeurée une vedette. Elle ne me pardonnera pas de s'être fait niaiser par une fille de Saint-Mathias.

Sirop de calmant! dirait Jean-Baptiste.

Je me lève et me dirige d'un pas décidé vers le bar 50.

Chapitre 14

Le matin, c'est Quintin

Vaincu par la chaleur, l'agent Labatt a enlevé sa chemise de bûcheron. Il a conservé son dossard numéro 50 qui couvre à demi sa toison poivre et sel. Un *rye*, une bière, une crème de menthe, il s'affaire derrière son bar improvisé, pêche dans le seau à glace, sourit en découvrant une dent en or. C'est un ami de mon père. Ils jouent au bluff ensemble aux Chevaliers de Colomb. Il a réussi lui aussi. Ce retour à son premier travail de barman lui redonne des airs de jeunesse. Il fait couler l'alcool sur la noce, il ricane comme un trappeur imbibant d'eau-de-vie des Sauvages crédules.

Love me tender
Love me true

Roger a sorti ses disques d'Elvis Presley. La voix crépitante du chanteur du Tennessee plonge les danseurs dans un coma nostalgique. Titi Barsalou, les yeux clos, un filet de bave au coin des lèvres, tente en vain de faire pénétrer son visage dans l'épaule de Sandra. Francine disparaît entre les bras d'un grand Lamothe. Roger et Maureen mijotent dans leur sueur, se contentant de transférer leurs masses confondues d'un pied à l'autre, comme les finalistes d'un marathon de danse. Dignement séparés par leur abdomen rebondi, M. et Mme Ostiguy orbitent avec style autour des couples de jeunesses.

Le cousin Gerry boit à l'écart. Il semble de mauvaise humeur. Je sympathise avec Maureen. Avec son teint clair, ses cheveux cendrés qui s'échappent de sa toque défunte, elle ressemble à un oiseau du paradis tombé dans un nid de corbeaux.

Monsieur 50 sert un verre à l'oncle Jos et se tourne vers moi.

— Michel? Me semble que t'as encore grandi!

Je vais exploser. Les adolescents grandissent, c'est bien connu. Pourquoi les adultes passent-ils leur temps à s'en étonner?

— Qu'est-ce que vous avez qui est fort et qui ne goûte rien?

— Ho, ho! T'as décidé de fêter? Attends une minute...

Il me prépare une mixture à base de rhum et de jus de fruit. Il a raison : ça ne goûte rien. Je me réfugie dans le chalet pendant que Sandra met les Beach Boys.

Dans la salle de séjour a lieu l'inévitable réunion de tantes. Partout sur la Terre, et peut-être sur Pluton, dans tous les mariages, les enterrements, les *bébé-showers* et les réunions de famille de la galaxie, les tantes trouvent moyen de se ramasser, de préférence dans la cuisine, pour parler de la vie. C'est génétique. Pendant que les hommes et les enfants s'amusent, les femmes font l'inventaire des choses sérieuses et attribuent à chacun sa part de bonheur et de responsabilité dans le mélodrame universel.

Les tantes se taisent. Ma mère repose ses pieds meurtris sur le pouf. Elle me regarde avec tendresse. Je sens qu'elle va émettre un communiqué sur la taille de mes souliers ou me demander de parler latin, de quoi me faire regretter qu'elle ne soit pas muette.

Vite! Je disparais dans ma chambre.

D'abord retrouver mes vêtements et un semblant de dignité. Les vêtements sont une armure, même en juillet. Le lit, les coins de tiroirs et le panier à linge en osier sont jonchés de robes et de vestons, sans compter les cravates et les nœuds papillon sur la commode. La pièce sent la sueur, la bière et la crème solaire. En souvenir de Sandra, j'enfile mes sandales, un t-shirt blanc et mon vieux pantalon de toile beige, sauvé deux fois des guenilles.

Je me peigne devant le miroir piqué de rouille. Je me sens mieux. Les tantes pépient à côté. Je vide mon verre. C'est beaucoup mieux que le whisky. Retenant mon souffle, je traverse la cuisine et disparais par la porte arrière.

Derrière le chalet, une lisière de bois s'étend jusqu'à la route, des érables, des saules et des bouleaux, leurs racines dénudées par nos pistes de course à bicyclette. Malgré la rumeur des autos qui passent sur le chemin des Patriotes, malgré les *ou-ou* lointains des Beach Boys, j'y trouve un peu de tranquillité.

Je regarde ma montre. Trois heures. J'ai hâte que tout le monde s'en aille, même Sandra. Je suis envahi par des émotions nouvelles. L'apparition de Francine a dégonflé ma montgolfière. Qu'est-ce que j'attendais du retour de Sandra ? Le début d'un conte de fées ? Je regrette qu'elle soit venue. J'aurais pu garder intact le souvenir de la petite reine aux cheveux platine que j'avais connue au chalet et à Fall River. Maintenant, Sandra n'est plus qu'une cousine comme les autres, une étrangère retenue par un fil de parenté.

Le temps brise tout. Je regarde la cour du chalet. Les érables, si beaux il y a dix ans, perdent leurs feuilles, leurs racines pourries par les inondations du printemps. Le baril à ordures est défoncé. La vieille camionnette de boulangerie de nos voisins Quintin, abandonnée dans le sous-bois, phares crevés, est assiégée par les fougères.

LE MATIN C'EST QUINTIN

La réclame est à peine lisible. Il n'y a pas dix ans que M. Quintin a abandonné la camionnette aux fantaisies des enfants du bord de l'eau. Ce n'était pas une bonne cachette. Le boucheur n'avait qu'à mettre le nez dans le pare-brise pour nous apercevoir. Le plancher sentait le pipi de chat.

Je m'approche. *Satisfaction garantie.* Je m'installe sur le siège du conducteur. Le cuir est éventré, la rembourrure aux quatre vents. Il y a bien trois ans que je n'ai pas visité l'épave. À l'arrière, devant ce qui reste des supports à pain, quelqu'un a installé un banc d'église tatoué de messages obscènes.

La silhouette blonde de Maureen apparaît au coin du chalet. Elle rit toute seule, lève les yeux pour regarder se balancer les hautes branches dans le vent. Elle reste immobile, rêveuse, pathétique dans sa robe fripée par la danse.

Roger la rejoint quelques secondes plus tard. Il l'entraîne à l'ombre, contre le mur arrière du chalet, près des bonbonnes de propane. Elle proteste faiblement, murmure. Ils s'embrassent. Roger ravage la toque de Maureen, soulève sa robe le long de sa cuisse.

— *Stop! Not here!*

Maureen le repousse en riant. Il la prend par la main et la remorque vers la camionnette.

Ils s'amènent droit sur moi. Ma situation devient délicate. Je retraite vers l'arrière du véhicule. J'attends quelques secondes. Quand leurs rires s'approchent, j'actionne la poignée de la porte arrière. Elle est coincée, comme dans les films.

Je me glisse sous le banc d'église et exécute un numéro d'imitation de carrosserie. Roger et Maureen font irruption dans la camionnette. La porte coulissante se referme. Silence. Mon frère doit inspecter les environs. J'entends le cliquetis métallique des supports à pain puis la voix haletante de Maureen.

— *You're crazy, Roger. Let's go back to the party. Please!*

Je ferme les yeux dans l'espoir de devenir invisible. Des froissements de vêtements me parviennent puis le glissement caractéristique d'une main sur un bas de nylon.

— *Quick! Be quick!*

J'ai peur de respirer. Je n'ose imaginer ce que me ferait mon frère s'il me découvrait sous le banc. Terrorisé, je fais appel par réflexe au remède des grandes occasions :

« Notre Père qui êtes aux cieux, que votre nom soit sanctifié... »

Les supports à pain s'entrechoquent, les souliers râclent le plancher pourri de la camionnette : les adultères semblent effectuer un changement de position.

— *Quick!*

J'ai beau trouver que la religion n'est plus à la mode, je ne peux m'empêcher, à la veille d'un examen ou d'un tournoi de tennis, de réciter un « Notre Père », à voix basse, comme si c'était un autre que moi qui priait. La camionnette est envahie des bruits de respiration de Roger et des cris furtifs de Maureen, de plus en plus rapprochés. Je me rappelle la première fois que j'ai vu le taureau de l'oncle Léo monter une vache, le long pénis luisant, les meuglements de la bête mêlés aux commentaires à double sens des hommes du voisinage. J'avais huit ans. Mon père m'avait amené malgré mes réticences. Ça faisait partie de mon éducation.

« Donnez-nous aujourd'hui notre pain quotidien... »

Jamais prière n'a été plus appropriée. Le tumulte va crescendo puis s'éteint en une cascade de soupirs et de grognements.

« ... comme nous pardonnons à ceux qui nous ont offensés. Amen »

— *Go! Go!*

Maureen n'a pas mis de temps à retrouver ses esprits. Elle congédie Roger en vitesse. Je les imagine : leur euphorie fait place à la peur. Roger sort par la porte coulissante, sans doute après s'être redressé le toupet.

Maureen reste seule. Elle partira dans une minute, pour ne pas éveiller les soupçons. Un froissement de tissu : elle doit arranger sa robe. Elle pousse un soupir et vient s'asseoir sur le banc d'église.

Je retiens mon souffle. En croisant les jambes, elle me frappe l'oreille de son talon.

Je laisse échapper un cri.

Chapitre 15

Juré craché

Le camion était dans la vitrine du magasin des Galipeau. Il n'avait rien d'extraordinaire. C'était un camion en plastique rouge, avec de petites roues en caoutchouc noir monté sur des essieux d'acier. Le capot s'ouvrait à l'avant. Du moins, je pouvais l'imaginer par les fentes audessus des ailes. À l'arrière, une boîte ouverte avec des côtés en imitation de bois.

À part la couleur et l'inscription qui manquait, « ARMAND BESSETTE, ENCANTEUR », il ressemblait au camion de mon père.

L'étiquette ne me laissait pas d'illusions : une piastre et quatre-vingt-quinze. Avec mes vingt-cinq cents d'allocation hebdomadaire, il me faudrait deux mois pour m'offrir le camion, en me passant de gomme et de crème glacée. On était en septembre. Mon anniversaire était passé, Noël était loin, de l'autre côté de l'automne. Pâques, aussi bien ne pas en parler.

Je demandai l'argent à ma mère. Étourdie par les dépenses de la rentrée scolaire, elle me renvoya comme d'habitude à mon père. Celui-ci refusa distraitement. J'avais assez de jouets, plus que les deux premiers n'en avaient jamais eus.

En tant que bébé, j'avais reçu plus d'attention matérielle que Roger et Suzanne. J'avais une bicyclette, un train électrique, un gant de baseball neuf, une collection d'autos miniatures que mes amis enviaient. Ces cadeaux m'arrivaient par bordées, au gré des humeurs de mon père. De temps à autre, il se réveillait, se reprochait sa générosité et refusait de me donner cinquante sous, sous prétexte de m'inculquer la valeur de l'argent.

Je ne comprenais pas. Je voulais ce camion. Je passais devant la vitrine matin et soir sur le chemin de l'école. Je regardais le jouet, angoissé par l'idée qu'un autre enfant pût l'acheter. La nuit, je faisais des rêves dans lesquels je tirais Sandra des mains de bandits et m'enfuyais en camion avec elle vers la Californie.

Ma décision était prise. Un dimanche, mon père est revenu d'un encan, un peu ivre. Il est passé me voir puis il est allé retrouver maman dans leur chambre. J'ai écouté une autre fois l'agonie de la souris. Ensuite, papa a fait rouler à travers la maison ses ronflements sonores.

J'ai attendu un temps qui m'a paru interminable. J'ai poussé la porte et pénétré dans la chambre.

Avant de se coucher, papa pliait soigneusement son pantalon et le déposait sur la chaise à gauche de la porte. J'ai tiré son portefeuille de sa poche et l'ai ouvert. Après avoir distingué le chiffre 2 sur un billet, j'ai fourré celui-ci dans mon pyjama et je suis sorti.

J'ai couru jusqu'à mon lit et j'ai caché le billet dans la poche ventrale de mon kangourou en peluche. En quittant les lieux de mon délit, j'avais eu l'impression que mon père avait bougé. Vingt secondes plus tard, ses pas m'ont plongé dans la terreur. Ma porte s'est ouverte. Mon père est apparu, son portefeuille à la main.

Maureen demeure un instant immobile puis, lentement, comme si elle avait compris que le cri ne pouvait être que celui d'un enfant, elle penche la tête pour regarder sous le banc.

Plus mort que vif, je vois apparaître son pâle visage renversé entre ses jambes.

Nous nous regardons un moment. La Terre ne tourne plus. Que va-t-elle dire? À l'envers, ses grands yeux cerclés de noir sont effrayants.

— *Goodbye, Maureen.*

Je me suis mêlé dans mes bonjours anglais. Maureen se lève, comme si je lui avais fait sauter un pétard sous les fesses.

— *Get out of there!*

Je quitte mon refuge, penaud. Les yeux mauves de colère, Maureen tente de me désintégrer sur place. Je fonds, d'autant plus que son regard se fixe à l'endroit où mon fidèle pantalon de toile se gonfle sur mon anatomie.

Les lèvres de Maureen tremblent. Elle va exploser. Elle me regarde droit dans les yeux, puis elle soupire.

— *Thanks God, it's only you.*

Je suis trop soulagé pour me formaliser de sa remarque. Elle lorgne de nouveau mon pantalon et éclate de rire. Maureen a peut-être des défauts, mais elle entend à rire.

— Ne vous inquiétez pas. Je ne dirai rien.

— *You promise?*

— Juré craché.

— *What?*

— *Don't worry.*

Le visage de Maureen s'éteint. Elle jette un regard anxieux vers le chalet. Elle a quitté la fête depuis dix minutes. Gerry la cherche peut-être. Elle s'approche de moi, me prend par la main et me force à m'asseoir à ses côtés sur le banc.

— *Do you think I'm a bad woman?*

— Non. Ce sont des choses qui arrivent.

Je dis n'importe quoi. Je ne savais pas vraiment que ça arrive qu'une femme de quarante ans s'éclipse d'une noce pour aller faire l'amour dans une camionnette avec le fils du cousin de son mari.

— *Life is strange,* soupire Maureen.

Je ne dis rien. J'ai très hâte qu'elle s'en aille. Maureen me regarde, attentivement cette fois. À neuf ans, quand je suis allé à Fall River, j'enviais Sandra d'avoir une mère aussi jeune. Maureen faisait résonner la grande maison blanche de ses rires et de ses turlutes. Ses pas ébranlaient les escaliers quand elle nous montait nos collations. Ses mains tavelées soignaient les arbustes et le potager. Dans la cuisine au linoléum éclatant, elle chantait de vieux airs brumeux, des mélodies étranges, qui lui venaient de son Irlande.

Ma mère était plus vieille, plus triste. Elle dépérissait dans l'ombre de papa. Elle faisait partie de ses possessions, au même titre que son magasin, son automobile, ses placements, ses terrains. Elle lui avait donné trois enfants, dont deux fils. Elle avait consacré sa vie à nous nourrir et à nous élever, mais elle demeurait lointaine. Son silence protégeait ses rêves de jeunesse. Au fond de nous-mêmes, nous nous sentions coupables de son exil.

Maureen réfléchit. J'ai grandi. Elle ne me connaît plus. Elle ne sait plus comment me parler.

— *We will go back to the party. We will say that we had a talk about Sandra. OK?*

— OK. Pourquoi aurions-nous parlé de Sandra?

— *Sandra is having problems these days. She didn't tell you?*

— Non. Qu'est-ce qu'elle a?

— *Later. We have no time to lose. Is it all right?*

— *All right.*

— *How do you say?* Juré craché?

Maureen me sourit. Elle me fait confiance. Elle est à moitié fanée, elle a des rides, de la peau molle sous les mâchoires. J'ai pourtant l'impression, assis près d'elle dans cette camionnette abandonnée, que je n'ai jamais vu de femme aussi belle. D'une certaine façon, elle est même plus belle que Sandra. Un instant, je rêve d'avoir été à la place de Roger. Avec Maureen comme professeure, je n'aurais pas l'air d'un apprenti quand je ferais l'amour la première fois.

— *You come?*

Nous nous glissons hors de la camionnette, comme d'un rêve. Les arbres nous protègent. L'après-midi mûrit. Devant le chalet, la noce bat toujours son plein.

Love me do
You know I love you

Maureen et moi échangeons un sourire avant de retrouver le monde des adultes. Je ne suis pas dupe. Je servirai encore une fois d'alibi à Roger. L'amitié que me témoigne Maureen n'est pas étrangère au fait que je la tire d'une situation embarrassante. Je tiens pourtant ma revanche. Je suis certain qu'elle se souviendra davantage du flanc mou rougissant qu'elle a trouvé sous le banc d'église que du faux Elvis qui l'a prise dans les étagères à pâtisserie.

— Vous voilà! Où étiez-vous passés?

Mon père nous attend au coin du chalet. Le sourcil à pic, les joues rouges sous sa barbe déjà longue, il couve une explosion. Avant de quitter Maureen, je suis heureux de lui servir de paratonnerre.

Mon père nous regarde, soupçonneux. Il flaire quelque chose de louche. Il répète sa question, en patron habitué à recevoir des réponses.

— *We had a little talk,* dit Maureen sur un ton qui laisse entendre à papa que cela ne le concerne pas.

Je me tais. Papa lisse ses cheveux, me regarde et hoche la tête. Encore mes histoires avec Sandra... J'ai dû entraîner Maureen à l'écart pour lui parler de sa fille... Tout ça pendant que Francine fait semblant de s'amuser en dansant le ya-ya avec le frère du marié...

— Ça devait être intéressant, marmonne-t-il.

Comme un douanier détournant les yeux d'un véhicule douteux, mon père s'efface devant Maureen qui s'éloigne vers la fête. Je tente de la suivre, mais il me réquisitionne.

— Sors le yacht. Le monde veut faire du ski.

Il ne sait pas ce qui se passe. Comme d'habitude, il camoufle son impuissance en *psychologie*.

Quand il est entré dans ma chambre, son portefeuille à la main, et qu'il a allumé la lampe sur la table de chevet, un frisson m'a glacé de la nuque aux orteils. J'avais volé. J'avais pris l'argent de mon père dans son portefeuille, pendant qu'il dormait, pour acheter un camion en plastique.

Mon père s'est assis sur le bord du lit. J'ai fait semblant de dormir.

— Réveille-toi!

Je tremblais de peur. Je me rappelais les fessées mémorables qu'avait reçues Roger, ses cris, ses pleurs de rage, le claquement de la large main de mon père sur ses fesses blanches. J'avais toujours réussi à éviter cette honte. Jusqu'à cette nuit-là.

J'ai entrouvert les paupières. Papa ne m'est pas apparu comme un dieu tonnant mais comme un homme fatigué et dépassé par les événements.

— Pourquoi as-tu fait ça?

Je n'ai pas répondu, écrasé de honte. Il a répété sa question plusieurs fois. Pourquoi voler? On me donnait tout ce que je voulais. Je n'avais qu'à demander.

Je restais silencieux, obstiné, sentant que mon silence viendrait à bout de ses questions.

Après cinq minutes, il a cessé de me tourmenter. Il est resté assis sur le lit, a glissé le portefeuille dans la poche de sa robe de chambre. Il a regardé ma chambre, la photo de Maurice Richard sur le mur, ma collection de timbres en désordre sur le bureau, mes caleçons et mes souliers éparpillés aux quatre vents. Il a passé sa main dans mes cheveux, a remonté la couverture sur mes épaules, comme lorsque j'étais petit, et est retourné d'un pas pesant dans sa chambre.

Il ne comprenait pas. Ne sachant que dire, il a espéré que son silence soit une preuve de *psychologie*. Le mot était nouveau. Suzanne l'avait ramené du Couvent. Sa femme le sortait de temps en temps. On en parlait à la télévision. C'était une sorte de gros bon sens appliqué aux petites choses.

Le lendemain, je me suis levé plein d'appréhension, attendant une sanction ou un interrogatoire. Rien. La journée s'est écoulée comme d'habitude. En échange de cette trêve, je n'ai plus volé. Le surlendemain, alors que je négociais la vente de mon vieux gant de baseball, le camion est disparu de la vitrine des Galipeau.

Je n'en voulais pas à mes parents. Quand maman m'a offert le jouet, deux semaines plus tard, à l'anniversaire de Suzanne, j'ai été surpris et déçu. J'ai joué un peu avec le camion puis je l'ai abandonné dans le garage tout l'hiver, à côté du kangourou.

Chapitre 16

Capitaine Michel

Mon père et moi regardons s'éloigner Maureen. Je repense à une phrase qu'elle a échappée dans la camionnette. *Sandra is having problems these days. She didn't tell you?*

Problems... Mon père me tire de la lune.

— Les deux réservoirs sont pleins. Fais attention, il y a beaucoup de bateaux sur l'eau cet après-midi. Grouille!

Je vais docilement remettre mon maillot de bain. Dès que je suis seul, des souvenirs de la scène de la camionnette m'envahissent. Dans cet état d'esprit, la perspective de passer l'après-midi à initier la parenté au ski nautique ne me fait pas frétiller. En temps ordinaire, j'aurais aimé épater le bord de l'eau par ma science du départ à quai et du virage en épingle. Avec Sandra à mes côtés, je serais allé jusqu'à Plattsburg à la rame.

Elle danse avec le vicaire. À côté du bar 50, le Lamothe à lunettes parle de politique avec l'oncle Jos. « Aliénation », « colonisés », *«establishment»*, il sort des mots longs comme le bras, en surveillant Sandra du coin de l'œil. L'oncle Jos boit sa bière, l'air ennuyé. Avant, c'était pas compliqué : les Bleus d'un bord, les Rouges de l'autre. Pour avoir de l'ouvrage, il fallait flairer le vent et choisir son camp.

— Assez de musique de tam-tam !

Tante Rose coupe le sifflet aux Beatles. Elle ajuste la vitesse du tourne-disque à 78 tours et met ses vieilles chansons françaises. Ressuscité par l'aiguille cahotante, un ténor à grand gosier s'époumone dans une jungle de crépitements.

C'est la valse brune
Des chevaliers de la lune
Que la lumière importune

La Seine se jette dans le Richelieu. Venu d'outre-Atlantique, un parfum d'accordéon nous rappelle que nous ne sommes pas tout à fait américains. Vautrées sur les chaises longues, les tantes soupirent. L'Amour... Encore l'Amour...

Sombre, des ceintures de sauvetage sur l'épaule, je fends les valseurs. *Problems...* Sandra a autant de problèmes que le chien des Quintin.

Très gaie, les joues en feu, Francine me gaffe au passage.

— Viens danser, espèce de grognon. Lâche ta ceinture, on se noiera pas!

— Je suis pas grognon.

— Tu te vois pas la face. C'est un mariage, pas un enterrement.

— Ça se ressemble.

— Tu dis ça pour avoir l'air intelligent.

Francine me connaît trop. Je ne peux pas jouer de jeux avec elle. Elle tenait la laine quand ma mère m'a tricoté.

— Je ne t'en veux pas, tu sais, reprend-elle.

— Moi non plus.

Elle ouvre grand les yeux. Ma réplique la laisse perplexe : que pourrais-je lui reprocher? Dans notre histoire, elle a toujours tenu le rôle de la victime.

— C'est toi qui es parti, pas moi.

— On n'est jamais seul à quitter l'autre.

Ça lui en bouche un coin. Parfois, je lâche des phrases du genre, sans y réfléchir, parce qu'elles ont l'air profondes comme les dialogues des films en noir et blanc qui passent le dimanche soir à *Ciné-club*. J'ai remarqué ça chez les adultes : tu n'as qu'à dire quelque chose de vague et de tordu pour avoir l'air intelligent en diable.

— Des fois on pense s'en aller mais on reste, réplique Francine.

Un à un. Francine a changé depuis que je l'ai laissée. Elle est plus vive, plus alerte. Je crois même qu'elle a maigri. Mes parents ont raison. Francine est une bonne fille. Peut-être qu'un jour, dans dix ans, quand j'aurai connu l'amour, nous nous retrouverons. Mais pas aujourd'hui.

— C'est ce qu'on verra.

L'Amour... Encore l'Amour. Les gens étaient plus heureux au temps où on se mariait par intérêt. Personne ne se faisait d'illusions. Si l'amour s'ajoutait aux hectares de terre ou aux têtes de troupeau, c'était tant mieux.

La valse s'achève. Sur le quai, Titi Barsalou et une couple de Beaucerons hurlent mon nom en agitant des avirons. J'abandonne Francine sous les arbres, ramasse les ceintures et me dirige vers le quai. J'ai le temps de croiser les yeux moqueurs de Sandra. Qu'elle aille au diable! Aujourd'hui, les filles lisent en moi comme dans un livre ouvert. Mon seul espoir est la fuite.

Je passe près de Jean-Baptiste. Bière à la main, il regarde couler la rivière de son site d'observation favori, à l'avant du terrain, à l'ombre du saule. Il remarque mon air songeur.

— Tu ressembles au temps, dit-il. On va avoir une averse.

— Aujourd'hui ? Il fait trop beau.

Il me montre le sud. Des nuages grignotent le ciel de Richelieu.

— Tu sauras me dire! Quand il fait trop chaud, c'est mauvais signe.

Il me suit sur la passerelle, en chemise blanche, attentif aux vagues et à la rumeur des joncs. Je donne mes instructions aux apprentis skieurs, installe la corde, lance le moteur. Les odeurs d'essence et de vase me réconfortent. Ce sont celles des vacances, des longues journées de ski et de baignade.

— Vous voulez faire un tour?

Jean-Baptiste me regarde, l'air amusé.

— J'aime mieux la chaloupe.

Je pousse la manette des gaz. Le hors-bord gronde, l'hélice arrache les grandes algues, pousse une trombe d'eau contre les poteaux moussus. Le yacht se cambre, prend de la vitesse et se met à taper du nez de vague en vague. Le vent me rafraîchit, fait claquer les manches de mon t-shirt. Je dessine une large boucle et reviens vers le quai. Je vire en épingle devant la parenté. Le bateau gîte à se renverser, l'eau défile à trois pouces du plat-bord, l'hélice sort de l'eau, le moteur meugle comme une vache en travail. Ici, j'ai la paix. C'est moi qui mène, Capitaine Michel, seul maître à bord après Dieu.

Les skieurs défilent. Le temps passe. Titi Barsalou cause un scandale lorsqu'il sillonne la rivière dans la soutane du vicaire, bénissant les riverains. Je jette un œil sous les arbres. Le jeune prêtre danse le cha-cha-cha avec Maureen. Sandra jase avec Jean-Baptiste à l'avant du terrain. Le Lamothe est hors de vue.

Le soleil baisse lentement, comme l'essence dans les réservoirs. Je reste en marge de la fête, isolé dans mon rôle utilitaire. C'est reposant. Je n'ai pas à parler ou à être gentil avec qui que ce soit. Je n'ai qu'à conduire le yacht, cheveux aux vents, à surveiller les bateaux à l'avant, le skieur dans mon miroir, et à retourner le tirer de l'eau quand il chute.

Problems... Je ne peux m'empêcher de réfléchir à la phrase de Maureen. Quels problèmes peut avoir ma cousine? Une peine d'amour? Un conflit avec ses parents? Une maladie? Des problèmes à l'école? Je suis sceptique. Dans ma tête, la petite fille aux cheveux platine domine la vie, heureuse et souveraine. Les petits malheurs du commun des mortels ne peuvent attrister son beau visage.

Le vent se lève. Les vagues s'assombrissent et se coiffent d'une crête d'écume. Je retourne au quai pour prendre mon dernier skieur. Surprise! Le Lamothe à lunettes s'avance sur la passerelle. Sans ses binocles, en maillot de bain, il paraît moins malingre.

Il enfile les skis. Je salive. La corde se tend, je pousse les gaz. Il se plie en deux, les yeux exorbités, penche sur un ski, se rétablit et prend sa place au creux du V de mon sillage. Pas si mal pour un débutant. Je l'observe dans le rétroviseur. Il s'enhardit et tente de franchir les vagues. Le voilà qui tire des bords comme un pro derrière le yacht. C'est pas sorcier, il a dû se pratiquer sur la Chaudière.

Tu aimes les vagues? Tu vas en avoir!

Un gros *cruiser* s'amène, soulevant des vagues de trois pieds. Devant le quai, je tourne à gauche, du même côté que le Lamothe. La corde se détend. Il perd de la vitesse juste au moment où les grosses vagues fondent sur lui. Un coup de volant à droite. La corde se raidit brutalement. Le Lamothe, les bras quasi arrachés, exécute un plongeon mémorable sous les yeux de la parenté.

Je jubile. Un virage en épingle et je retourne, magnanime, repêcher le novice. Je fonds sur lui et tourne sec pour lui permettre de reprendre la corde.

Le moteur hurle, trop fort. L'espace d'un instant, pendant que le yacht se retourne, je réalise qu'il se passe quelque chose d'anormal. Le ciel bascule, s'éteint dans un bouillonnement d'écume. Ma tête éclate et je m'enfonce dans un tunnel vert au bout duquel brille, comme une enseigne de motel dans la nuit, le visage furibond de mon paternel.

Chapitre 17

Jonas parle

Passé les moments de panique, se noyer doit être agréable. On coule, on glisse, on s'abandonne à l'eau qui s'infiltre dans ses poumons et éteint lentement sa conscience. C'est l'envers de la naissance. Avant de gagner sa niche dans le cimetière paroissial, on refait le voyage vers l'utérus de la rivière.

Ils me conteront tout : comment le mugissement de l'hélice a déchiré l'air doux de l'après-midi ; comment la noce s'est figée d'horreur devant la coque tapissée d'algues vertes du yacht retourné ;

comment le bateau s'est enfoncé par l'arrière, sa proue soutenue par une poche d'air; comment tout le bord de l'eau a attendu pendant de mortelles secondes de me voir apparaître; comment le Lamothe à lunettes s'est débarrassé de ses skis, a nagé quelques brasses vigoureuses, a plongé sous la coque et m'a repêché, mi-noyé, mi-assommé; comment je l'ai repoussé en poussant un tabarnak! quand il a tenté de me donner la respiration artificielle sur le quai.

Comment je me suis redressé, rouge de honte, et j'ai titubé en rageant vers le chalet.

J'ai regretté de ne pas être mort. En courant à mes trousses sur la passerelle, ma mère a coincé un de ses talons entre deux planches et a failli tomber dans les nénuphars. Mon père s'est dressé devant moi.

— Veux-tu rester tranquille, tête de pioche!

Comme d'habitude, son inquiétude se transformait en colère. À cinq ans, je m'étais coupé le bout du doigt avec un couteau à viande. Je pleurais. Je croyais que j'allais mourir. Énervé par le sang qui giclait dans le lavabo, mon père m'avait donné une claque derrière la tête au lieu de me réconforter. C'était ma faute. Je mettais toujours mes mains où je n'avais pas d'affaire. Cinq secondes après, il s'était repris et m'avait consolé. Le mal était fait.

Je me suis esquivé, le heurtant légèrement de l'épaule. J'ai continué ma route vers le chalet en échafaudant des plans d'évasion. Mon épaule gardait le souvenir de la sienne. J'étais plus grand que lui maintenant. Dans trois ou quatre ans, quand je me serais bâti une paire d'épaules à faire les foins chez l'oncle Léo, quand il aurait ajouté un troisième bourrelet à sa bedaine de rentier, je serais le plus fort. Personne ne me dirait plus quoi faire. Je n'aurais plus à rougir de rien.

Don't you step on my blue suede shœs

Elvis chante seul sous les peupliers. Je fends les danseurs silencieux. Le soleil se voile. La noce est à l'eau. Sandra et Jean-Baptiste m'observent au milieu des fêtards. Je baisse les yeux. Francine essaie de m'approcher, à l'affût de mon désarroi.

— Écrase!

Un peu plus et je lui lance mon poing en pleine face. Je m'enfonce avec délice dans une rage froide, sans fond. Je suis méchant, je suis injuste, on murmure dans mon dos.

Je gagne ma chambre et ferme la porte à toute volée. Les murs de carton frémissent. Le crucifix orné d'une branche de rameau tombe et casse un verre de bière abandonné. Je pousse la commode contre la porte pour empêcher les gens d'entrer. Je saisis le crucifix et le lance au fond de la garde-robe.

Je tremble de tous mes membres. Ma tête me fait mal. Une bosse pousse sous mes cheveux. Je me suis peut-être fracturé le crâne. Ça doit faire plus mal que ça. Soudain je réalise que j'aurais pu mourir. Ça ne me sourit plus du tout.

Couronne d'épines en bas, Jésus me regarde du fond de la penderie. Je calme ma respiration, le tire des espadrilles et des maillets de croquet et le retourne à son clou. La branche de rameau sent la bière.

Le crucifix est un peu de travers. Je le remets d'équerre avec le plancher.

Fâche-toi pas, Jésus.

On cogne à la porte.

— Michel!

Mon père n'a pas l'air de bonne humeur. Il pousse contre la porte, ébranle la commode.

— MICHEL! Mon grand sans dessein!

Je maîtrise mes tremblements et déplace le meuble. Je ne vais quand même pas soutenir un siège. La poignée tourne. Mon père entre. Ma mère le suit, le visage tordu par l'inquiétude, les joues sillonnées de rimmel fondu.

— Tu n'es pas blessé? demande-t-elle.

— Laisse-nous tranquilles, lui ordonne mon père. Tu vois bien qu'il n'a rien.

Il referme le battant. Je le regarde. Le vent et les événements ont ébranlé sa calotte de brillantine. Ça le rajeunit.

Il passe la main dans ses cheveux, comme s'il lisait mes pensées. Je vais à la fenêtre. À l'aide de leur chaloupe de pêche, les Quintin remorquent le yacht, toujours proue en l'air, vers la rive.

Silencieux, mon père souffle comme un taureau fraîchement castré. Pas de doute, il fait de gros efforts pour se contrôler.

— Ne t'inquiète pas pour le bateau,

dit-il. On n'aura qu'à faire nettoyer le moteur.

— Je ne m'inquiète pas pour le bateau.

— Tu es sûr que tu n'as rien?

— Sûr.

— Certain?

— J'ai un peu mal à la tête.

— Fais voir.

Il s'approche pour examiner mon cuir chevelu. Je m'écarte.

— Je vous dis que c'est rien!

Il recule. Ma tête m'élance de plus en plus, un phare de douleur dans la nuit. J'ai peine à respirer. Mon cœur a envahi toute ma poitrine et bat au même rythme que ma bosse.

— Tu m'as fait peur.

Il n'est pas rassuré. Ma saute d'humeur le tracasse davantage que mon accident. Il vient se camper à mes côtés et observe la noce. Pour alléger l'atmosphère, tante Rose a fait taire le tourne-disque et sorti les sandwichs. Les enfants du bord de l'eau s'agglutinent autour des ruines du gâteau. Monsieur 50 a abandonné son bar pour faire une partie de fers avec Jean-Baptiste, oncle Jos et M. Lamothe. Jean-Baptiste semble fatigué. Après son lancer, il va se reposer dans son fauteuil de parterre.

Je ferme les yeux et soupire. Seules au bout du quai, les pieds dans l'eau, Sandra et Francine semblent en grande conversation. Elles ne parlent peut-être même pas de moi.

Sirop de calmant !

— Tu m'inquiètes, dit mon père.

— C'est facile de s'inquiéter. On n'a rien à faire.

— Tu me crois pas ?

— Je vous crois. Qu'est-ce que ça me donne, que vous vous inquiétiez pour moi ?

— Ça t'aiderait à comprendre.

— Comprendre quoi ?

Comme une locomotive arrivée en gare, Armand Bessette pousse deux jets d'air par ses naseaux poilus.

— As-tu réalisé que Suzanne est partie aujourd'hui ?

— Ça fait un an qu'elle vit à Québec.

— C'est pas pareil. Elle revenait passer des fins de semaine et les vacances d'été. Aujourd'hui, elle est partie *pour la vie.* Sa chambre va devenir une chambre d'ami.

— Personne ne vient jamais coucher.

— Elle a tout emporté : son linge, sa raquette de tennis, ses romans, ses Tintin, ses cahiers de première année, même sa médaille du Lieutenant-gouverneur. Elle a laissé ses toutous sur son lit pour ne pas faire de peine à ta mère. Si jamais elle décide d'avoir des enfants, elle viendra les chercher, avec le berceau des Bessette.

— C'est quoi le rapport ?

Mon père ne m'a pas habitué à de tels discours. J'attends qu'il me parle de *moi*.

— À la salle, tu m'as dit que j'avais l'air triste. Tu avais raison. Suzanne venait de partir. Je regardais Ginette, la petite bouquetière. Elle jouait à la cachette entre les tables. Suzanne avait été bouquetière au mariage de ta cousine Rachel. Je la revoyais dans sa petite robe, avec sa tresse. Qu'est-ce qui s'était passé entre les deux? Tu as quinze ans. Pour toi, quinze ans, c'est toute ta vie. C'est presque le quart de la mienne. Ces quinze ans, aujourd'hui, j'ai l'impression que je ne les ai pas vus. C'est pas comme un mobilier de salon, je peux pas les retourner.

— Les enfants non plus, ça se retourne pas.

— J'ai jamais pensé à te retourner. Je t'ai élevé comme mon père m'a élevé. La différence, c'est que chez nous, on était onze. Quand on avait de quoi sur le dos, quelque chose à manger, c'était suffisant. On n'avait pas de *psychologie*, on avait de la religion. J'aurais jamais discuté avec mon père. J'ai peut-être jamais eu grand *psychologie*, mais ça m'empêche pas de t'aimer.

J'ai une boule dans la gorge. Il faut se méfier des vendeurs. Ils peuvent vous faire avaler n'importe quoi.

— Vous êtes pas fâché?

La petite voix s'est échappée malgré moi de ma réplique de la pomme d'Adam paternelle. Ce n'est pas vraiment la question que je voulais poser, mais mon père a compris.

— On se fâche jamais longtemps contre ses enfants. Ç'a du bon et du mauvais. Montre-moi ta bosse.

Il s'approche. J'incline la tête. Il tâte de son gros doigt la montagne qui bat sur mon crâne.

— C'est rien.

— Je vous l'avais dit.

Il m'entoure de ses bras mous et me presse contre lui. Le nez dans son oreille, je retrouve l'odeur de sa lotion après-rasage et mon enfance quand il me faisait une prise de tête dans le sofa devant la télévision. Je tendais frénétiquement mes petits biceps. Il faisait semblant de céder et se pâmait devant ma force.

Aujourd'hui, je n'essaie pas de me dégager et c'est bon. Il y a tellement longtemps que nous ne nous sommes touchés. C'est peut-être la dernière fois avant que je prenne à mon tour le chemin de la vraie vie.

Nous nous lâchons. De près, ses yeux sont plus vifs que je croyais.

— Vous voyez, je ne suis pas encore parti.

— On sort. Les invités doivent se demander ce qu'on fabrique.

— Je n'ai pas envie de sortir tout de suite.

— Ta mère va s'inquiéter.

— Dites-lui que vous m'avez puni.

— Je dirai que tu as mal à la tête. La *psychologie!*

Chapitre 18

Dieu est partout

Mon père sort. Je l'entends chuchoter avec ma mère de l'autre côté du battant. J'imagine tante Rose à leurs côtés, très calme, s'employant une fois de plus à calmer les appréhensions de sa belle-sœur. C'est ce que j'aime de tante Rose : avec elle, il n'y a jamais rien de grave.

Je m'étends sur le lit. Malgré ma déconfiture publique, malgré l'œuf qui germe sur mon crâne, je suis heureux. À l'écart de la noce, dans ce cube de bois et de carton qui sent la bière, j'éprouve un sentiment de paix. Que m'importent toutes les Sandra et les Francine de la terre? J'ai retrouvé sous les années, déguisé en commerçant prospère, Armand Bessette encanteur, l'homme de la camionnette aux lettres rouges et vertes.

Je regarde le crucifix. J'ai presque envie de te remercier, Jésus, comme la fois où tu m'as tiré des griffes du péché mortel.

J'avais dix ans. Culpabilisé par l'apparition dans notre église en pierre des champs d'un authentique Père Blanc d'Afrique, j'avais fait le vœu d'assister à tous les offices du mois de Marie. Chaque soir de mai à cinq heures moins dix, je quittais mes jeux et mes amis pour aller écouter la messe en compagnie d'une douzaine de rongeuses de balustres. Au bout de deux jours, je regrettais amèrement ma résolution. Loin de me rapprocher de la béatitude promise par le missionnaire, mon zèle m'attirait des ennuis. Tante Rose s'inquiétait des motifs de ma ferveur. Roger m'appelait le frère Michel devant le voisinage.

Comment me délivrer de ma promesse? Le catéchisme était formel :

manquer à un vœu constituait un péché mortel, au même titre que le viol et le meurtre. C'était l'express pour l'enfer, sans espoir de purgatoire.

Je n'avais pas le choix. Je devais me taper les messes de cinq heures jusqu'au 31 mai. Pour comble de malheur, le mois était superbe. Je cochais les jours sur le calendrier avec le soin mélancolique d'un prisonnier.

Le lundi 31 mai était un jour chaud, lumineux, chargé des promesses de l'été. Après l'école, un nouvel ami m'avait invité au fort qu'il avait construit dans un saule près de la rivière des Hurons. Nous avions joué à la guerre, nous nous étions baignés en caleçon dans un coude de l'étroite rivière. De temps à autre, je demandais l'heure. Comment révéler à mon nouvel allié que je devais le quitter pour retrouver ma Sainte Vierge?

J'avais laissé passer les minutes avec une angoisse croissante. À cinq heures et vingt, j'avais accueilli mon impossibilité d'assister à la dernière messe du mois de Marie avec fatalité. En pédalant jusqu'à la maison, je me répétais que je n'étais pas responsable. J'avais été détourné de mes devoirs par un mauvais compagnon.

Le lendemain, je m'étais éveillé avec l'impression d'avoir le cœur tendu de toiles d'araignée. J'étais en état de péché mortel. La sensation n'avait rien d'agréable. Si je voulais éviter l'express vers les flammes éternelles, je devais survivre jusqu'au jour de la confession, regarder de chaque côté en traversant la rue et prendre soin d'enlever les petits os des poitrines de poulet.

Dix jours plus tard, le curé est venu nous confesser à l'école. Au milieu du gymnase, sous le regard pathétique d'un Jésus au cœur saignant, le prêtre trônait sur une chaise droite. À ses côtés, un agenouilloir usé, apporté pour l'occasion. Nous attendions en rangs le long des cases. La lessive des âmes était expéditive. La maîtresse criait un nom. L'élu traversait les lignes du jeu de drapeau, s'agenouillait près du confesseur et marmonnait un chapelet de péchés conventionnels. Le prêtre murmurait une pénitence et donnait l'absolution. Au suivant! Le plus souvent, nous ne savions de quoi nous accuser. Nous nous échangions des péchés à voix basse en attendant notre tour.

Ce jour-là, je n'avais pas ce problème. Je m'étais agenouillé devant le curé et m'étais accusé de but en blanc d'avoir manqué à mon vœu d'assister aux offices du mois de Marie. Mon cœur battait comme la grosse caisse de la fanfare. Je m'attendais à une réprimande ou à une pénitence sévère, une douzaine de rosaires ou un contrat d'enfant de chœur.

— Autre chose? avait demandé le prêtre.

— Rien.

— Tes péchés sont pardonnés. Tu peux aller en paix.

Déjà sa main blanche avait tracé dans l'air chargé d'odeurs de vernis et de transpiration le signe de croix *deluxe* avec lequel il congédiait les pénitents. Je n'en croyais pas mes yeux.

— Vous êtes certain que c'est correct? Je veux dire, je ne suis plus en état de péché mortel?

Le prêtre avait posé sur moi un regard intrigué. Je dépassais les bornes de la contrition. Il me montra le crucifix.

— Ne t'inquiète pas. Jésus sait pardonner à tous les pécheurs, les grands comme les petits.

Je m'étais levé, gonflé à l'hélium. Jésus était un vrai bon gars. Les Romains avaient exagéré. En quittant le gymnase, je lui avais fait un clin d'œil.

Aujourd'hui il est encore devant moi, couronne d'épines au front, la tête penchée vers ses pieds cloués à la languette de bois franc. Ce n'est pas le même crucifix, mais il se ressemble, la même silhouette frêle, les mêmes cheveux bruns, les mêmes pommettes saillantes. Dieu est partout. Jésus se ressemble sur tous les crucifix. Pourquoi n'est-il jamais costaud? Ou blond? Ou grassouillet? Jésus est trop beau. Il ressemble à un acteur. Pour bien faire, il aurait dû être un petit gros en habit de motard, le cheveux rare, avec un tic.

La porte du réfrigérateur grince sans arrêt, les bouchons de bière sautent, les rires fusent du parterre : la noce, un instant ébranlée, reprend sa course.

J'entends un crépitement sur la vitre de la fenêtre de côté, suivi d'un chuchotement.

— Michel!

Pas de doute, c'est Sandra. Je grimpe sur la commode et met le nez dans la moustiquaire. Je suis accueilli par une poignée de gravier.

— Sirop de calmant !

Sandra, à l'abri sous un saule, laisse échapper un rire frais dans l'air étouffant de la fin d'après-midi.

— Tu sacres comme Jean-Baptiste. *Are you all right?*

— *All right.*

— Tu m'as fait peur.

— Moi aussi.

Je la regarde, émerveillé.

— On ressemble à Roméo et Juliette, murmurai-je sans réfléchir.

— *You mean* Juliette et Roméo. On va faire un pique-nique au bout de la terre ?

L'offre me sourit sur-le-champ. Ainsi, Sandra se souvient de nos escapades.

— OK. Rendez-vous dans vingt minutes.

— Au même endroit ?

— Au même endroit.

Elle m'envoie un dernier sourire et disparaît au coin du chalet. Mon naufrage m'aura mystérieusement fait rentrer dans les grâces de ma cousine des États. Je reste quelques instants sous le charme puis me secoue.

Je descends de mon perchoir, me change et enfile mes espadrilles. Je fourre mon couteau de poche et deux couvertures dans mon sac de louveteau. Prenant une grande inspiration, je sors de la chambre.

Le chalet est désert. Des éclats de voix jaillissent du parterre. Gerry et Maureen, en pleine chicane de ménage, s'injurient dans un anglais aviné. La voix de mon père tonne au milieu du tumulte. Ça ne doit pas être beau à voir.

C'est ma chance. Dans le refrigérateur, je découvre une bouteille de mousseux qui a échappé au carnage. J'y joins des sandwichs, des biscuits, du fromage. Mon sac prêt, je vais le cacher sous la galerie arrière du chalet avant de retrouver les invités sous les arbres.

Le ciel s'est encore couvert. Le vent charrie les serviettes de papier et soulève les nappes. L'engueulade s'est apaisée, laissant derrière elle une ribambelle de faces d'enterrement. Maureen pleure au milieu des femmes pendant que Gerry, des nuages de fumée bleue lui sortant par les oreilles, tente à toutes forces d'avaler un autre verre malgré les avis de papa et de Monsieur 50. Entre les deux groupes, seul sur sa chaise, Jean-Baptiste, le visage aussi expressif qu'une poêle de fonte, paraît mûr pour l'extrême-onction.

Personne ne fait attention à moi. Sandra n'est pas en vue. Elle m'attend peut-être déjà au lieu du rendez-vous. Les voisins s'éclipsent par petites bandes. Ils saluent discrètement ma mère et décampent avant la pluie, attendant d'être à distance pour commenter la chicane à leur aise. Francine a disparu elle aussi.

— C'est rare si ça finit pas de même, décrète tante Rose, qui s'est glissée à mes côtés. Tu as fini ta crise?

Je me tais. Tante Rose me regarde avec son célèbre sourire en coin.

— Montre-moi ça.

Je me penche pour lui permettre d'inspecter ma prune. Les blessures sont très efficaces pour détourner l'attention. Enfant, si je tombais et me blessais, si je déchirais mon pantalon ou me faisais sermonner par un voisin après un mauvais coup, j'allais voir tante Rose dans son magasin d'antiquités. Dans son bureau, au milieu des armoires et des bahuts, elle me consolait, me pansait, me disait comment me présenter à mes parents.

— Ça t'apprendra à vouloir épater ta cousine. Je me demande où elle est passée...

— Quelle cousine?

— Me prends-tu pour une tarte? Sandra n'a sûrement pas aimé ce qu'elle a entendu.

— Qu'est-ce qui s'est passé?

— Maureen dansait avec Roger. Gerry lui a fait une scène de jalousie. Alors elle lui a parlé de la maison.

— La maison?

Tante Rose me regarde d'un air perplexe. Elle en a trop dit.

— Je pensais que tu étais au courant. Aussi bien que tu l'apprennes par moi que par d'autres. C'est à propos de la maison de Jean-Baptiste. Gerry a persuadé son père de la lui donner il y a sept ans. C'était le seul bien de Jean-Baptiste. Aujourd'hui, il n'a plus rien à lui. Maureen méprise Gerry depuis ce temps-là.

Je tombe des nues. En un éclair, je mets en place les morceaux du casse-tête qui traîne depuis des années dans mon esprit : la brouille entre nos deux familles, la brève séparation entre Maureen et Gerry, la tristesse de Jean-Baptiste, les conversations suspendues de mes parents, la tension que j'ai sentie lors de ma visite à Fall River. À mesure que je vieillis, je découvre, enfouies sous les apparences, des histoires mesquines. La vraie vie est-elle un champ de mines?

Et Sandra? Maureen pensait-elle à cette histoire quand elle parlait de ses *problems?* Où est-elle? Je suis envahi par une curieuse angoisse.

Tante Rose me prend le coude.

— Arrête-toi pas à ces histoires-là, mon grand.

— Gerry est un salaud!

— La vie est pas un film de cow-boy. C'est plus compliqué que ça.

— Est-ce que Maureen vous a parlé de Sandra?

— Elle ne m'a rien dit de particulier. Pourquoi?

Je ne réponds pas. Toujours diplomate, ma mère s'affaire auprès des Lamothe. Elle les invite à aller prendre un café à la maison avant de retourner dans la Beauce.

— Je vais aider ta mère à ramasser, dit tante Rose en désignant le champ de bataille. Garde l'histoire de Gerry pour toi. On en reparlera.

Ma tante s'éloigne en me lançant un regard sévère. Je jette un œil à ma montre et me glisse en douce vers l'arrière du chalet.

Chapitre 19

Le bout de la terre

Le sac sur le dos, les pieds aux fesses, je traverse la cour arrière, passe la carcasse de la camionnette et le terrain des Quintin. Le vent du sud joue dans la tête des grands arbres. La lumière se brise en éclats sous mes espadrilles. Les grenouilles et les oiseaux gueulent au milieu des bruits des autos qui froissent l'air pesant sur le chemin des Patriotes. Seule la pluie nous délivrera de cette atmosphère de cauchemar.

De l'autre côté de la route, je pénètre sur la terre des Marois. Près d'un ruisseau charriant les eaux brunes de l'arrière-pays, je retrouve le bois de bouleaux. Le cœur plein d'angoisse, je me glisse entre les troncs blancs. À moins de deux cents pieds de la route, les bouleaux sécrètent une paix étrange. Le bois y est-il plus touffu, la lumière, plus douce? Les messages d'amour gravés dans l'écorce y demeurent-ils suspendus dans l'air, comme une musique? Sandra et moi en avions fait le camp de base de nos expéditions. Nous nous y retrouvions, couteau sur la cuisse, arc sur l'épaule, avant de nous rendre au bout de la terre ou de partir à la recherche d'un ennemi imaginaire.

Je n'y ai pas mis les pieds depuis trois ans. Les arbres me paraissent petits, l'herbe, maigre. L'oreille aux aguets, j'explore les clairières et fouille les bosquets. Où est Sandra? J'imagine les pires scénarios. Je ne sais rien de ses *problems*. La face maigre de Pierre Galipeau traverse mon esprit. On a trouvé son corps en bas des rapides de Chambly, accroché à une racine de saule. Un accident. Est-ce qu'on va se baigner en plein mois de novembre?

Sandra!

Pas de réponse. Je commence à paniquer lorsque je l'aperçois, assise contre un arbre, la bouche tordue par un sourire hésitant.

— Pourquoi te cachais-tu ?

Je suis stupide. En m'approchant, je vois qu'elle a pleuré. Son chagrin détonne dans ce haut lieu de notre enfance. Le bois de bouleau n'est plus magique. Le monde nous a rejoints.

Sandra ne me répond pas. Je reste planté à ses côtés. Je ne sais même pas si elle a encore envie de notre pique-nique.

Un grondement familier nous parvient de la route. Derrière le rideau d'arbres, la Cadillac blanche prend le chemin du village. La suivent la Meteor de Roger, la décapotable des Ostiguy, la Chrysler des Lamothe, la camionnette 50, toute la noce, sauf la Lincoln de Gonzague.

— Ils vont se demander où on est passés.

— *I don't care.*

— Je suis désolé pour tes parents, Sandra.

— C'est pas grave. J'ai l'habitude. J'ai de la peine pour Jean-Baptiste. Ça doit être dur de réaliser que ton enfant t'a volé.

— On vole toujours un peu ses parents.

Encore une de mes petites phrases philosophiques. Sandra ne la trouve pas drôle.

— *Stop kidding,* Michel !

Elle ferme les yeux, rejette sa tête en arrière, passe la main dans ses cheveux, comme mon père. C'est peut-être de famille. Les filles ont un attrait pour le drame. Elles prennent les choses de la vie au sérieux. Les gars font semblant d'en rire parce que les vraies questions leur font peur.

Je lui tends la main.

— On y va ?

Enfin un vrai sourire. Nous traversons le bois. Devant nous s'étend la terre des Marois. Au loin, sur le chemin des Épinettes, la grange de l'oncle Léo se ternit à l'approche de l'orage. Nous nous engageons dans le foin qui nous bat la taille. Nous marchons de longues minutes, heureux, silencieux, entre les sillons durcis qui nous font trébucher. L'horizon est noir. De grosses gouttes s'abattent, solitaires, tapissant de fleurs sombres nos t-shirts. Venu du sud, un mur de pluie traverse la plaine et nous avale.

Nous courons en riant, comme dans mon fantasme. Nous nous tenons la main pour résister aux trombes qui couchent le foin doré. La pluie nous aveugle, se glisse, tiède, entre nos dents. Devant nous se dresse une touffe de grands pins oubliée à la jonction de deux terres par les premiers colons, gardée là intacte, mystérieuse, au fil des générations.

C'est le bout de la terre. Le champ a appartenu à mon arrière-arrière-grand-père. Sa fille s'est mariée à un Marois. Plus tard, les familles se sont brouillées. Dans la tête de mon père et dans celle de tante Rose, la terre a continué d'appartenir aux Bessette.

Même si tout le monde dit que c'est impossible, je me souviens du jour d'août où mon père m'a amené pour la première fois au bout de la terre. D'après les dates au bas des photos, j'avais trois ans. Papa me portait sur ses épaules. Les foins étaient mûrs. Il faisait une chaleur tropicale et la randonnée m'avait paru interminable.

Mon père s'était arrêté devant les grands pins.

— C'est ici. C'est le bout de la terre.

J'étais déçu. J'avais imaginé un immense trou de l'autre côté de la clôture. Au lieu d'un gouffre sans fond, peuplé de fantômes, il y avait un autre champ, en tous points pareil. À l'horizon, j'apercevais un clocher inconnu. Plus loin que le bout de la terre, il y avait une autre église, une autre paroisse, d'autres familles lovées autour d'un cimetière.

Mon père m'avait fait pivoter et embrasser du regard les champs blonds qui glissaient jusqu'à la route et à la rivière. Nous reprenions possession de la terre ancestrale. J'allais y revenir chaque été, armé d'un arc, prenant mille précautions pour que le vieux Marois ne me tire pas dans les fesses. C'était le plus pacifique des vieillards, mais j'avais un grand besoin de danger.

Sandra et moi nous glissons sous les conifères, trempés, hors d'haleine. Le t-shirt mouillé de Sandra révèle ses mamelons pointus. Je détourne les yeux. Mon érection revient, comme un mal de dents. Ma cousine reprend son souffle, ses cheveux dégoulinant sur son front. Dans mon fantasme, c'est à ce moment que nous nous déshabillons et accrochons nos vêtements aux branches.

Aujourd'hui Sandra, loin de jeter du lest, s'enroule dans la couverture et se réfugie dans un silence maussade.

Je suis paralysé. Je ne sais quoi lui dire. En nous éloignant de la noce, nous avons crevé la bulle qui maintenait entre nous un semblant de parenté. Sandra m'apparaît sous un nouveau jour : une Américaine de quinze ans, gâtée, délurée, qui s'ennuie ferme chez son *frog* de cousin.

Je m'éloigne et entreprend en silence de déballer le pique-nique. Nous avons trop couru. Tout est sens dessus dessous dans mon sac, les sandwichs, les biscuits, le fromage. Il reste le vin.

Je frissonne sous l'orage.

— Tu as froid ? me demande Sandra.

Elle sort de sa rêverie et me fait une place sous la couverture à ses côtés. Je m'assois, mes échasses repliées sur les aiguilles humides. Nos cuisses et nos épaules se touchent. Nous avons perdu l'innocence avec laquelle nous luttions, enfants, dans le foin de la grange de l'oncle Léo.

Nous demeurons un long moment silencieux dans notre repaire de conifères. Après les premières bourrasques, le vent faiblit et l'orage se transforme en une averse mélancolique. La pluie isole le paysage derrière un rideau brumeux. Sans que nous disions un mot, nous sommes envahis par un sentiment de plénitude.

Je pousse un soupir de soulagement.

— Ouf!

Sandra me regarde et me reconnaît enfin sous mon masque. Elle prend mon bras et appuie sa tête sur mon épaule.

— Je suis contente que tu sois là, Michel. La journée m'a paru si longue!

Saisi par le voisinage du visage adoré, je cherche quelque chose à dire.

— Quel cauchemar!

— Je jure de ne jamais me marier! profère solennellement Sandra.

— Moi aussi!

Nous levons la main. Juré craché. Sandra retombe dans son silence. Sa tête est sur mon épaule, mais son esprit est ailleurs.

Je me dégage, vaguement irrité. Je fais sauter le bouchon de la bouteille et prend une longue rasade de mousseux.

— Tu en veux?

Sandra hoche d'abord la tête puis prend la bouteille. Des gouttes de pluie percent les branchages et s'écrasent sur ses cheveux. Elle soulève la couverture.

— *You will get wet.* Viens ici.

La bouteille entre nous, nous nous collons et rabattons la couverture par-dessus nos têtes. Nous nous passons la bouteille. Le vin engourdit ma bosse et me fait tourner la tête.

— Ta mère m'a dit que tu avais des problèmes.

— *She told you that!* Elle ne peut rien garder pour elle!

Elle ne semble pas disposée à en dire davantage. La petite fille aux cheveux platine a toujours été secrète. Je me demande si j'ai envie d'en savoir plus long.

— Ne t'inquiète pas, reprend-elle. C'est une histoire d'amour banale, comme il en arrive à tout le monde.

Mon cœur se serre. « Une histoire d'amour banale, comme il en arrive à tout le monde. »! Pourquoi n'y ai-je pas pensé plus tôt? Une pareille beauté ne se promène pas dans la vie, à quinze ans, sans traîner une histoire d'amour...

Sandra se tait. Elle ménage ses effets. Les filles ont le sens du drame.

Je risque une question.

— Tu as un amoureux?

— Non.

— Tu *avais* un amoureux?

— Non. Seulement un ami.

— Je ne comprends pas.

Sandra soupire. Elle lève la tête et ses yeux prennent la couleur de l'herbe et de la pluie.

— C'est mon voisin Tommy. Nous nous connaissons depuis toujours. Nous jouons ensemble depuis que nous sommes hauts comme...

— Trois pommes. Continue.

— Il a trois ans de plus que moi, mais nous avons toujours été inséparables. «Tommy et Sandra», nous formions un vrai couple.

— Tu ne m'as jamais parlé de lui.

Mon ton laisse percer un reproche.

— Tu es mon cousin et lui un simple ami. Je n'imaginais rien de plus. Les gens faisaient des blagues. Ils nous appelaient «les amoureux». *We didn't care.*

— Je te vois venir.

— Cette année, Tommy est allé au collège en Virginie. Quand il est revenu, j'ai eu un choc. Il avait changé. Il a eu la même impression. Subitement, nous n'étions plus juste des amis d'enfance. Plutôt que de le voir se promener en moto, son père lui a acheté une petite MG. Tommy avait les cheveux longs. Il lisait les livres de ce gars de Lowell, Jack Kerouac. Il voulait m'amener avec lui en Californie.

Elle s'arrête une nouvelle fois. Je lui passe la bouteille.

— Et après?

— Mes parents m'ont interdit de partir. J'étais prête à suivre Tommy au bout du monde. Le lendemain, il m'a téléphoné et m'a dit que mes parents avaient raison. Maureen avait dû appeler sa mère. Il m'a répété la même salade : nous étions des amis d'enfance, nous nous connaissions depuis trop longtemps, j'étais trop jeune et...

— Jamais vous ne pourriez être vraiment en amour.

Sandra me jette un regard suspicieux.

— Comment sais-tu?

— Ton Tommy me rappelle quelqu'un.

Ma cousine me sourit. Les choses deviennent plus claires entre nous. Depuis la première apparition de la petite fille aux cheveux platine, il en a toujours été ainsi : nous avons besoin d'une demi-journée pour nous réapprivoiser.

— Francine m'a parlé, dit-elle.

— Je vous ai vues sur le quai.

— *She's a nice girl.*

— Je sais.

— Les histoires d'amour sont étranges. On n'aime jamais la bonne personne.

— J'ai toujours été un peu en amour avec toi.

Je peux le lui dire maintenant. Ça n'a plus d'importance. Sandra me lance un regard qui ne trahit aucune surprise.

— Moi aussi. Tout le monde a un cousin préféré.

— Quand je me chicanais avec mon père, j'imaginais que j'allais te retrouver aux États.

— On aurait pu se croiser. Moi, c'est ici que je venais.

Nous achevons la bouteille et grignotons des morceaux de biscuits et de sandwichs. L'averse s'épuise puis cesse tout à fait. Étendus côte à côte, ivres, nous échangeons des souvenirs et des impressions de la noce.

— C'est la dernière fois que nous venons ici, dis-je.

— Ne dis pas ça. Nous reviendrons peut-être.

— Ce ne sera plus pareil.

Sandra se tait. Elle ne peut nier l'évidence. Notre escapade au bout de la terre a la saveur aigre-douce des pèlerinages. Quand nous plions la couverture et quittons le couvert des grands pins, nous laissons derrière nous, mêlés aux miettes de biscuits, nos derniers souvenirs d'enfance.

Chapitre 20

Final bâton

— Ton père ne sera pas fâché que nous ayons quitté la noce? demande Sandra.

— Je ne crois pas. Il me fait confiance.

Nous marchons lentement vers le chalet. Le foin est lourd. La terre a bu l'averse. En moi la chaleur du vin se mêle à un nouveau sentiment de sécurité. Quoi que je fasse, chef-d'œuvre ou mauvais coup, Armand Bessette encanteur ne me laissera jamais tomber.

— Et Gerry?

— Il va crier, comme d'habitude. Ça nous fera du bien de ne pas nous voir pendant quelques semaines.

— Tu restes vraiment ici?

— Si tu veux. Je n'ai pas envie de passer l'été à Fall River avec les souvenirs de Tommy.

Dans le bois de bouleaux, le soleil oblique fait briller les gouttes qui dégringolent des feuilles.

— Ce qui me fait de la peine, c'est de me séparer de Jean-Baptiste, dit Sandra. Je ne suis pas certaine de le revoir vivant.

— Ça fait dix ans qu'on dit ça.

— Il avait l'air tellement triste après la chicane entre Gerry et Maureen. J'ai eu peur qu'il meure *at once*.

Solitaire, la Lincoln sommeille près du chalet. À l'intérieur, Gonzague et Jean-Baptiste boivent de la bière, muets, comme deux amis de taverne. Ils ont étendu des serviettes de plage au bas des fenêtres pour étancher les fuites.

— D'où vous arrivez de même? demande Jean-Baptiste, l'œil allumé. Gerry a appelé trois fois.

— On s'est fait prendre par l'orage.

— Vous avez pas l'air d'avoir souffert. C'est un temps à arc-en-ciel. Venez voir.

Nous sortons tous les quatre dans l'herbe mouillée. Jean-Baptiste nous mène sur le quai. Il semble plus frais que Gonzague, qui marche comme un robot, les yeux vitreux, le geste vague.

Jean-Baptiste fouille l'horizon, hume le vent de son grand nez plein de poils, comme un évadé.

La rivière s'est calmée aussi rapidement qu'elle s'était démontée. La masse d'eau verte, gonflée par l'orage, descend vers Saint-Hilaire, vers Sorel, vers le bout du monde, creusant la terre de sa caresse confuse.

Jean-Baptiste étend le bras. À l'ouest, un arc-en-ciel timide coiffe les feuillus.

— Je vous l'avais dit! Michel, tu devrais sortir la chaloupe.

Mon grand-oncle a envie d'un tour sur la rivière. J'écope l'eau de l'averse. Gonzague amène les rames. Sandra enfile un chandail sec. Elle s'assoit à la pointe et Jean-Baptiste à l'arrière. Gonzague se sent de trop et préfère rentrer au chalet.

Je tire sur les rames. La chaloupe de bois courbe les joncs et gagne le chenal. Le courant nous saisit. Les rames plongent avec un bruit mat dans la rivière, décrivent un arc dans l'eau noire et en ressortent, ruisselantes. Nous nous taisons. L'œil triste, le souffle râpeux, Jean-Baptiste laisse traîner sa main dans l'eau froide. Sandra et moi avons une boule dans la gorge.

Jean-Baptiste nous regarde.

— Ça va vous faire un beau souvenir.

Silence. Je rame vers le sud, remonte le courant sur un quart de mille.

— Quand j'étais petit, dit Jean-Baptiste, il n'y avait pas de chalets au bord de la rivière, juste des camps de chasse. On n'avait pas le temps de se baigner dans ce temps-là.

Je remonte les rames et laisse la chaloupe dériver. Jean-Baptiste a les yeux pleins d'eau.

— Est-ce que tu regrettes d'être parti aux États? demande Sandra.

— Des fois. J'imagine que j'avais pas le choix. Maintenant, c'est fini.

Sandra et moi échangeons un regard. Un sourire anime le réseau de rides de Jean-Baptiste.

— J'ai pris une décision aujourd'hui, dit-il. Je retourne pas aux États. Je passe l'été ici, puis l'automne, jusqu'à temps qu'on m'enterre.

— Qu'est-ce que Gerry va dire?

— Il dira ce qu'il voudra! À mon âge, j'ai gagné le droit de faire à ma tête. Mon pays, c'est ici! Je veux être enterré chez nous! Final bâton!

Il balaie l'horizon du bras, embrasse la rivière, les érables, les bouleaux et la terre au-delà, la belle terre noire qu'il a travaillée pour son père jusqu'à ce qu'il aille s'enfermer dans une manufacture.

— Tout ce qui me reste à faire, c'est me bercer, regarder, me souvenir. Pour moi, la rivière vaut plus qu'une pension. J'ai pas trop du temps qui me reste pour rapailler mon enfance. En vieillissant, je pense parfois que je suis plus proche de mon pays que de mes enfants.

Des cris nous parviennent. La chaloupe a dérivé jusqu'en face du chalet. La Cadillac est stationnée à côté de la Lincoln. Sur le quai, Gerry nous fait signe de revenir. À ses côtés, mon père s'amuse de la colère de son cousin.

Gerry crie. Il fait des moulinets avec ses bras blancs qui brillent dans le soleil couchant. Il n'a pas l'air content. Sandra et Jean-Baptiste se regardent. Des larmes roulent sur les joues de ma cousine.

— Tu as raison, grand-papa. Je reste aussi. On va passer un beau mois d'août.

Je remets les rames à l'eau.

— Je pense qu'il faut rentrer. Gerry nous attend.

Jean-Baptiste tourne la tête vers la rive et pose un œil froid sur son fils.

— Lui ? Laisse-le crier. Rame par là. Quand j'étais petit, il y avait un ruisseau qui s'enfonçait sous les arbres.

Fin

DANS LA MÊME COLLECTION

TITAN JEUNESSE

Cantin, Reynald

Série Ève

J'AI BESOIN DE PERSONNE #6

LE CHOIX D'ÈVE #14

LE SECRET D'ÈVE #13

Côté, Denis

NOCTURNES POUR JESSIE #5

Daveluy, Paule

Série Sylvette

SYLVETTE ET LES ADULTES #15

Demers, Dominique

Série Marie-Lune

LES GRANDS SAPINS NE MEURENT PAS #17

Grosbois (de), Paul

VOL DE RÊVES #7

Labelle-Ruel, Nicole

Série Cri du cœur

LES YEUX BOUCHÉS #18

UN JARDINIER POUR LES HOMMES #2

Lazure, Jacques

LE DOMAINE DES SANS-YEUX #11

PELLICULES-CITÉS #1

Lebœuf, Gaétan

BOUDIN D'AIR #12

SIMON YOURM #4

Marineau, Michèle

LA ROUTE DE CHLIFA #16

Série Cassiopée

CASSIOPÉE OU L'ÉTÉ POLONAIS #9

L'ÉTÉ DES BALEINES #10

Martel, Robert

LOUPRECKA #3

Montpetit, Charles

COPIE CARBONE #19

Vanasse, André

DES MILLIONS POUR UNE CHANSON #8

imprimerie gagné ltée

IMPRIMÉ AU CANADA